本书特别献给

所有关心支持中国乌蒙山区少数民族发展和教育的爱心人士
及所有积极参与汶川 5·12 大地震救灾和灾后重建工作的志愿者们。

用生命爱中国

——柏格理传

阿 信 著

中原出版传媒集团
中原传媒股份公司
大象出版社
·郑州·

图书在版编目(CIP)数据

用生命爱中国——柏格理传/阿信著. —郑州：大象出版社，2009. 1(2022. 4重印)
ISBN 978-7-5347-5394-7

Ⅰ. 用… Ⅱ. 阿… Ⅲ. 柏格理，S. (1864～1915)-传记 Ⅳ. B979. 956. 1

中国版本图书馆CIP数据核字(2008)第190034号

用生命爱中国——柏格理传

YONG SHENGMING AI ZHONGGUO——BOGELI ZHUAN

阿 信 著

策　　划 贵州中辰教育文化发展公司
责任编辑 管 昕
责任校对 李接力
封面设计 王晶晶
出　　版 大象出版社(郑州市郑东新区祥盛街27号 邮政编码450016)
网　　址 www.daxiang.cn
发　　行 河南省新华书店
印　　刷 新乡市豫北印务有限公司
版　　次 2009年1月第1版 2022年4月第12次印刷
开　　本 787 mm×1092 mm 1/16
印　　张 15. 5
字　　数 208千字
定　　价 28. 00元

若发现印、装质量问题，影响阅读，请与承印厂联系调换。
印厂地址 新乡县经济开发区富兴路东段
邮政编码 453000 电话 0373-5635065

目　录

序

生命是平等的，相互依存的；每个人的生命都应受到敬畏与尊重；那些为社会进步、为人类文明做出卓越贡献的生命，更应受到敬畏和尊重。

奔行的生命

——慨叹于《用生命爱中国——柏格理传》

从2006年平安夜阿信立下写作《用生命爱中国——柏格理传》(以下简称《用生命爱中国》)的宏愿，到2008年6月写完第一稿，再到2009年在大象出版社出版，历时两年多时间，这于一个非专业写作者，应该说是非常不容易的。

作为一个近乎专业的写作者，我深知写作之艰辛。从寻找、收集、阅读、整理浩繁的资料、文献，到深入实地采访、考察，再进入写作状态，以及一稿、二稿、三稿乃至四稿、五稿的校改、修订，不知要在青灯黄卷中耗去多少时间、精力和心血。整个过程，虽蕴涵了目标追求的精神愉悦，但健康的透支也是与之同步的。因此，当我阅读完阿信十几万字的书稿时，第一个反应就是感动，为他执着的坚韧不拔的“行事”精神感动；第二个反应则是感激，感激他为英国传教士柏格理牧师在中国28年的经历做了一个客观、公正的记述。柏格理近百年前在中国西南乌蒙山区传教、办教育的经历，实际上是一段传播文化、文明的经历。这段于中国西南乌蒙山区具有重要启蒙意义的历史，是不能被淡化、被湮没的。如是观之，阿信做了一件十分有价值、有意义的事。

《用生命爱中国》共有10个篇章，从柏格理1864年在英国出生，一直记述到1915年在中国贵州石门坎为救助中国学生逝世止，时间顺序与主要经历十分清晰。阿信以真实、真诚、纯粹又内蕴感情的文字，为我们呈现了一段值得回望、思考的历史。

阅读完《用生命爱中国》，一个生动、丰满以及具有虔诚信仰和献身精神的柏格理，便由远而近，由平凡而深刻地赫然屹立在我心中。刹那间，我觉得阿信成功了，至少在相当程度上成功了。

作为阅读者，我们需要的是传记中的人物给我们的感觉，一种让人感动并产生深远记忆的感觉；而阿信给了我们这种感觉。相信所有的阅读者都会有同样的感觉。

阿信是做教育文化传播的，不是专业写作者，文字过于直白、简朴；但换个角度看，直白、简朴也是一种风格，一种写作样式。妖娆与谦抑、华而不实与实而不华，读者会更亲近、更接受后者。著名女作家严歌苓说："文字的最高境界，不是华美，而是诚实与准确。"阿信不认识严歌苓，但阿信一直秉承着这样的理念写作。

其实，《用生命爱中国》的主要价值，不在于它的文学性，而在于它的真实性、纪实性。阿信已经实现了他追求的目标。

写作过程中，曾有一位朋友劝阿信：《在未知的中国》、《"窄门"前的石门坎》等书，都以不同的体例记录了这段历史，你再写，能超越它们吗？

阿信说：我想以更简洁、更朴实的方式告诉人们这段历史，让这段令人感动、触动人灵魂的历史，长久、温暖地存在于人们的记忆中。

——阿信这一愿望是纯真、诚实的。

一本书出来后，人们会从不同的角度，以不同的水准去审读、评价它，但不管怎样说，阿信在这样一个追求功利、追求安逸、追求及时行乐的时尚社会中甘于寂寞，苦心孤诣，以自己的心力、精神和智慧去独力完成这样一部汇聚了大量史料的著作，是值得钦佩的。

北大著名教授钱理群 2008 年 5 月 24 日在北京大学的一次演讲中说："我们应该毫不含糊地将'敬畏和尊重生命'作为一个基本的价值理念，一个普世性的价值观确立下来，并作为我们追求社会公正与平等的基本依据。"

生命是平等的，是互相依存的；每个人的生命都应受到敬畏与尊重；那些为社会进步、为人类文明作了卓越贡献的生命，更应得到敬畏和尊重。

从这个意义上说，阿信的生命与柏格理的生命一样，都是值得敬畏和尊重的。

阿信非"吃国家俸禄"者。为了生存，为了生命的意义，阿信一直像个苦行者，孤独、坚韧，历尽颠仆地奔行在二者微妙互动之路上。所幸他的精神与风骨，依然轩昂。

王大卫[①]

2008 年 8 月

①王大卫，作家、学者，中央电视台科教节目《在天那边》策划，著有《寻找那些灵魂》一书。

第一章 人往低处走

牧师家的孩子

英国康沃尔郡[①]位于英国的西南部，20 世纪 30 年代，小说《蝴蝶梦》[②]和同名电影的流行让康沃尔成为举世闻名的旅游胜地。康沃尔有美丽的滨海庄园和世界上最大的温室花园。康沃尔的居民大多是清教徒，不论你走到哪里，到处都看得到古朴、典雅的基督教小教堂。

卡米尔福特[③]是康沃尔的一个小镇。古朴的基督教小教堂位于小镇的边上。教堂面积不大，有一个小型的画廊，画廊里面悬挂着几十幅《圣经》人物图画。教堂前面放置着一个牧师讲道用的小讲台，面对着讲台，整齐摆放着安装有档门的靠背座位。每到礼拜天，小镇里的居民都到这里来做礼拜。他们相互之间都很熟悉。在教堂供职的是一位年轻的牧师，供牧师住的宿舍就位于教堂的隔壁。

1864 年 4 月 20 日，柏格理就出生在这个小镇上。柏格理的英文名字叫撒母耳·波拉德。[④]

波拉德家族在当地有着久远的历史。公元前 56 年和前 55 年，恺撒两次渡过英吉利海峡，岛上居民布立吞人逃往康沃尔西部山区，在这里建立了一个被称为波拉德的部落。

柏格理的父亲原本是一个制绳工人，母亲身上有法国血统。柏格理的父母都是虔诚的基督徒。父亲信仰上帝之后成为一名巡回传教士，柏

①英文是 Cornwall。
②英文是 Rebecca。
③英文是 Camelford。
④英文名是 Samuel Pollard，中文通常译为“塞缪尔·波拉德”，作者参考《圣经·撒母耳记》和石门坎教会苗族《溯源碑》碑文，觉得翻译成“撒母耳·波拉德”更能体现名字蕴含的意义。

格理的爷爷也是一位巡回传教士。柏格理的爷爷还是卫斯理公会的分会圣经基督教教会的创始人。当年他和约翰·卫斯理一起不分昼夜，骑马穿过康沃尔的每一个渔村和矿区工棚，给生活在社会底层的渔夫、矿工和农民传福音。

柏格理是家中的长子。他的妈妈从一怀上他就不断地向上帝祷告，希望这个孩子能够成为上帝的仆人。他们给孩子取名撒母耳，意思是：这个孩子是从上帝那里求来的，我们也要把他终身献给上帝。⑤

刚满 4 岁，妈妈就拿教会的福音单作为课本教小柏格理读书。小柏格理很文静，他最喜欢做的游戏是从树上折几根枝条，然后回到房间，一个人花上几个小时把手边的枝条摆成三角形、正方形等各种各样的形状。

柏格理 9 岁时，教会派他父亲到康沃尔南部一个叫佩里恩的小镇巡回布道，柏格理进入当地的韦斯列小学读书。小镇位于大海边上，浪花拍打着海岸，海岸上的灯塔和小海湾星罗棋布。天热的时候，一放学，柏格理就和几个同伴到大海里游泳。

13 岁那一年，柏格理进入教会办的希博尔公学。在学校里，他品学兼优，敏锐善辩，热爱体育运动，尤其擅长板球、足球和游泳。

1875 年 1 月 12 日，柏格理受洗成为一个基督徒。家庭的熏陶让小撒母耳成为一个热心而虔诚的基督徒。他最大的理想就是长大以后能像自己的爸爸和爷爷一样成为传教士。他在后来的日记里写道，他受洗的第二天，一整天都跪在好友奇帕斯蒂德的小屋里，向上帝祈祷，盼望自己能够成为合神心意的人。

柏格理的父母有六个孩子，由于牧师的收入有限，因此一家人的生活过得紧巴巴的。父亲每天起早贪黑地外出传教，回到家时已累得精疲力竭。而且经常有人在深夜赶到教会寻求帮助，每当这时，他和妻子总是很和蔼地招待来客。柏格理记得不知有多少次，他从梦中醒来，看到父亲急急忙忙地穿上衣服下床，亲亲他和弟弟妹妹们的额头，就走出去。接着就是嗒、嗒、嗒，马蹄声越来越远。

⑤参见《圣经·撒母耳记》第 1 章。

但就是这样，他的父亲还在传教之余，利用很少的空闲时间编织渔夫和矿工需要的绳子，赚点外快来补贴家用。

随着年龄的增长，柏格理看到父母这样辛劳，全家却过着贫寒的生活，他为主做事的信心动摇了。虽然他爱上帝，但还是决定不再选择他们家几代人所从事的牧师职业。他决心靠自己的努力让父母和弟弟妹妹们过上富裕的生活。1881 年，柏格理参加英国公务员考试，名列全英国第三名。

这个年轻人踌躇满志地离开家乡，来到英国首都伦敦。在英国邮政银行做了一名职员，成天坐在高背椅上点钞票。很快，柏格理就订下了自己的人生目标，他决心在最短的时间内使自己的年薪达到 1000 英镑。

金钱、财富、体面的生活，凡是世人所看重的，似乎都要成为柏格理所追求的。

困在笼子里的狮子

但有一个人不喜欢柏格理的这个选择，这个人就是柏格理的妈妈。儿子离开家乡之后，她每天恒切地为儿子祷告，盼望上帝拣选自己的儿子，就像《圣经》上上帝亲自拣选哈拿的儿子——先知撒母耳一样。柏格理在银行工作一段时间以后，上帝就垂听到了他母亲的祷告。他越来越讨厌这里按部就班、平静舒适的生活，描述自己就像困在笼子里的狮子。他越来越热心参加教会活动。他经常恳切地向上帝祈祷，希望全能的上帝能为他指点迷津。

1885 年，英国传教士李文斯顿深入非洲传教的传奇经历风靡一时。1813 年，李文斯顿出生于苏格兰一个贫困家庭，父亲是一个茶叶商。他 10 岁时就得去棉花田做童工，早上 6 点出门，晚上 8 时回家。他自幼好学，往往看书到午夜，直到母亲把蜡烛吹熄后，才不得不上床睡觉。童年时，李文斯顿就受荷兰传教士郭实猎的影响。中国第一个留学生容闳就是先在郭实猎夫人创办的教会学校学习，后来被送到美国耶鲁大学留学的。郭实猎在中国的种种传奇事迹，让许多英国年轻人心仪不已。因为郭实猎在中国用行医的方式宣教，所以李文斯顿也盼望有一天去中国。他在极贫困的环境中靠着顽强的毅力完成了医学院的学习。1840 年，正当李文斯顿要去中国宣教时，中英鸦片战争爆发。前往中国传福音的门，被暂时关上了。一天，李文斯顿漫步在伦敦街头，忽然看到街边有一场“反奴隶贩卖”的演讲，演讲的人是在南非布道 20 年的墨菲特，李文斯顿耐心地听。墨菲特详细地讲述了他亲眼目睹的当地土著被奴隶贩子像牲口一样抓获，遭受暴打凌辱，被贩为奴隶的悲惨遭遇。演讲快要结束的时候，上帝的话借助墨菲特的嘴传到李文斯顿的耳朵里：“在我住的地方，南非的库鲁曼布道所北边，我能看到千万道炊烟从数不清的村落升起。但那些人从来没有听到过福音！”

李文斯顿大受感动。上帝为他关上了去中国的大门，但又为他指明了去非洲的路。他立刻下定决心：“我决定要去非洲，而且我的目标是宣教士从没有到达的地方。”

李文斯顿是第一位深入被称为“黑暗大陆”的非洲中部，进入非洲部落的传教士。他由南非上岸，三次探险，深入非洲三万里，经历千难万险。但即使在最危险的时刻，他也从未对任何人——包括非洲食人族的人和奴隶贩子发射过一粒子弹。他是进入非洲内陆的第一名医生，他的医术救了很多人，他是画出非洲内陆、河川的第一人，他是终止在非洲贩卖奴隶的关键人物……

李文斯顿把自己的一生都献给了他热爱的非洲人民。1873 年，李文斯顿在第三次深入非洲内陆，探勘尼罗河源头路线的途中因积劳成疾，“出师未捷身先死”，荣归天堂。在非洲土著的赞美歌声中，李文斯顿探险队的队员把他的心脏取出，葬在非洲的地理中心 (Heart of Africa) 其坦波斯的一棵树下。从此，这位在非洲人民还处在蒙昧和被人奴役状态时，就平等地对待他们，用上帝的爱爱他们，传福音给他们的朋友，永远活在非洲人民的心里。①

李文斯顿的传奇经历让年轻的柏格理激动不已。邮政银行狭窄的空间再也容不下这位年轻人的凌云之志。上帝深深地触摸着他的灵魂。他越来越相信他的使命就是成为上帝的仆人。他决心像李文斯顿那样，到没有传教士去的地方。他后来告诉他的友人，他立志要在上帝的指引下，引领一个民族信仰福音。

他在日记中写道：“相信这是天父的意愿，要我带领人皈依基督。我决心像我父亲那样，不仅仅限于口头祷告，我还要投身实际的拯救工作。愿全能的上帝指引我人生的方向，在圣灵的引导下获得上帝的能力。我愿意为主耶稣奉献一生。鞠躬尽瘁，死而后已。”

上帝的话像当年临到哈拿的儿子一样临到他。柏格理妈妈的祷告应验了。现在只剩下一个问题：上帝派他去哪里？

柏格理等待着。

①参见《深入非洲三万里——李文斯顿传》，张文亮著，敦煌文艺出版社，2006 年 12 月版。

中国，最迷人的地方

1886年11月，中国内地会[①]同工会议在安庆召开。那天，中国内地会的成员范约翰看到一个异象。他写信给戴德生的妻子珍妮，说："我们满心期望有100位新同工，于1887年往中国去。"每天饭前，中国内地会的创始人戴德生都会和他的朋友一起唱出下列的祈祷文：

主啊！求你赐下100位工人，
都合乎你的心意，是你拣选的，
把你的爱传到远方——
使我们喜悦地赞美你；
主必纪念这事情，
我的耶稣必成就万事。[②]

祈祷在地球的另一端，已得到回应。早在1885年，柏格理参加一次海外宣教会议，演讲的嘉宾正是中国内地会的创始人戴德生。戴德生用朴实感人的口吻讲述他和他的同工们在中国的所见所闻和传教的艰辛历程，所有听众都热泪盈眶。最后，他大声问听众：

"在座的诸位，你们扪心自问，你们是真的爱主吗？"

"是的。"人们异口同声地回答。

戴德生说："弟兄姊妹们，你们口口声声地说你们真的爱主，那你们是否愿意为了主，抛下你们的亲人，你们手边的工作，你们的前程，一切的一切，去跟随主！"

在场的人都觉得扎心。

戴德生被圣灵充满："在座的诸位，既然你们口口声声说你们爱主，那你们有没有问过耶稣一个问题：'主啊，我爱你，你要我为你做什么？'如果你们真的爱主，那你们就应该听从主的召唤，把目光投向中国。中国是一个巨大的禾场，那里有4万万的灵魂需要上帝的拯救。在中国庄稼熟了，却没有人收割。如果你们真的爱主，那你们就不会满足于个人安逸舒适的生活。如果你们真心热爱耶稣基督，你们就应该有世界性的眼光，

①中国内地会由英国传教士戴德生创建。由不同宗教背景、乐于宣教的男女信徒组成。他们单单依靠神的引导和供给，进入中国内地，向11个省份的人民传道。

②引自《戴德生——挚爱中华》，史蒂亚著，梁元生翻译，中国友谊出版公司，2006年11月版，第215页。

做一名世界公民，而古老神秘的中国最有资格得到你们。”

戴德生在会场上手舞足蹈：“主刚刚告诉我，就在今天，在诸位中间，主要亲自挑选一个仆人，为他做工。主告诉我，他已经为这个年轻人预备了一条最美最美的道路。亲爱的年轻人，时候到了，你站出来。为了主的缘故，我请求你站出来，把身体献上，当做活祭！”

一个有着一双特别美丽眼睛的清瘦的年轻人，泪流满面地站了出来。

戴德生心情激荡，走下台去拉着年轻人的手把他领到台上。

戴德生问：“可爱的年轻人，上帝忠实的仆人，你叫什么名字？我要奉上帝的名，按手为你祷告。”

年轻人回答：“我名叫撒母耳·波拉德。”

上帝真是爱中国。他没有派他的仆人李文斯顿来中国，但他献给中国一个和李文斯顿一样优秀的儿子——柏格理。

孔子的"勒马悬崖"

作为一个中国人，有必要问自己一个问题：柏格理和其他外国传教士不远万里，离乡背井，出生入死，来中国的动机是什么？他们不图名，不谋利，口口声声地要拯救中国人的灵魂。这些外国人，为什么这样关心和他们毫无关系的中国人的灵魂呢？

原来，这些传教士坚信死亡并不是生命的结束。一个人只有相信上帝，他的灵魂才能得救，死后才能上天堂。天堂是人死后能去的最美最好的地方。而不相信上帝，人生的结局就只能是永远的灭亡。

在中国生活和工作了一辈子的一个外国传教士、中国内地会的B.布鲁蒙霍尔这样说：

> 那些从未听说过基督福音的中国人死后要往什么地方去呢？他们的未来是什么呢？想起这个问题真是可怕——然而他们肯定会遭到毁灭，这是上帝说的。[①]

他们的根据是《圣经》。他们认为对祖先的崇拜是中国社会最重要的基础，而祖宗崇拜是一种彻头彻尾的盲目崇拜。上帝在《圣经·启示录》中清楚地告诉人们：所有盲目崇拜者，在将来都将处于炽烈燃烧的火海之中。

戴德生在他的《中国的属灵需求》一书中，以英国人的严谨做了精确的计算，并用英国人容易理解的画面把中国人的悲惨处境展示给他的同胞：

> 如果中国人排队经过你的面前，以每天走30里的速度计算。他们不断地走，日复日，年复年，也需要走上17年零3个月，这条人龙才走得完。[②]

问题是这条世界上最长的人龙将要走向哪里呢？戴德生一点不怀疑这些人正在走向灭亡。在他徒步到中国泰州办事的途中，戴德生一边沿途观察，一边不停地思索：

> 这里每隔两三里就有一个乡村或集镇。千千万万人在这里出

①引自《中国风情》，莫里循著，张皓翻译，国际文化出版公司，1998年版，第66页。

②引自《戴德生——挚爱中华》，史蒂亚著，梁元生翻译，中国友谊出版公司，2006年11月版，第123页。

生、长大、死去,从来没有离开家乡半步。令人想到这里,就感到非常痛苦。[③]

戴德生痛苦什么呢?他痛苦这些人不知道福音,而不知道福音,这些人唯一的结局就是灭亡。在描述过这些悲惨的景象后,他狠狠地敲打自己祖国的基督徒:

英国的基督徒能否袖手,坐视不救,眼见这千万人走向灭亡?他们之所以灭亡,是因为不知道福音。但英国却充足地知道这个知识;使英国有今日,也使我们有今天,全赖这福音。[④]

最后,他给他的同胞说起主耶稣的教导:

你们要去,使万民做我的门徒,奉父、子、圣灵的名给他们施洗。凡我所吩咐你们的,都教训他们遵守。我就与你们同在,直到世界的末了。[⑤]

绝对相信上帝的外国传教士信心百倍地来到中国,要把他们认为最好的礼物——神的救恩,送给中国人民。但他们在中国遇到的最大障碍是大多数中国人认为他们谈论的救恩和死后如何如何的问题纯粹是无稽之谈。他们极其重视的属灵问题,中国人并没有这种需要。而且,他们苦口婆心地对中国人宣讲说,我们未皈依的祖先,包括未听说过基督福音的孔子,都已经永久消失了。可是在中国的所有美德之中,主要部分恰恰是忠孝,对祖先的不敬被认为是最大的罪恶。

中国文明和基督教文明核心在这里冰火对峙,双方都找不到丝毫可以妥协的余地。传教士很委屈,认为他们全心全意地帮助中国人,可是正应了一句中国老话“热脸碰到了冷屁股”。中国人认为这些洋人太无知、太狂妄、太自以为是、太不会尊重人,凭什么一口咬定你们的信仰才是唯一正确的?凭什么要把我们的祖先,把我们的古圣先贤,把我们几千年的灿烂文明全盘否定?你闯进别人家中,帮助别人,还要看看别人有没有需要,怎么可以这样霸道!真是莫名其妙、欺人太甚!

从1840年开始,中国遭遇千百年未遇的变局,中国人几千年的处事经验一下子失去了效力,寄希望于中庸之道根本解决不了问题。

③引自《戴德生——挚爱中华》,第123页。

④引自《戴德生——挚爱中华》,史蒂亚著,梁元生翻译,中国友谊出版公司,2006年11月版,第123页。

⑤引自《圣经·马太福音》第28章。

有首歌这样唱道：

早以为你有了所有答案，
从来遇事不慌。
不料奇事横生，
突然来临竟难料。
你又难改旧习，
那只好在那里游啊游不停，
在深处，在深处。⑥

儒家的孔子是中国人的榜样。孔子不讲“怪、力、乱、神”。当他的学生向他请教“死”的问题时，他一句话打发了他：“未知生，焉知死？”

孔子不是不信，孔子是不语，不语不等于不信。不语一方面是他自己也没有搞清楚，一方面是希望他的学生不要分心，集中精力做事。孔子的兴趣不在宗教，他是一位政治学家和伦理教师。

孔子不让中国人纠缠“死”的问题，他知道这个问题很复杂，想不清楚，不仅想不清楚，而且脑袋越聪明，越想这个问题，脑壳越糊涂，而不去管这个问题，似乎对个人和社会没有什么不良影响。但毫无疑问，孔子这一“勒马悬崖”，产生的后果是：一方面，让中国人民具有积极的入世精神，创造了灿烂的中华文明；另一方面，却把中国人民永远置于悬崖边上。

因为，“未知死，焉知生”。不知道死就不知道人生的方向，不知道人生的方向就不能明白人生的意义，不明白人生的意义就不能行出正确的方向，不行出正确的方向就不能进入天堂，不进入天堂就要下地狱。

而地狱是人活一生的最悲惨的归宿。

对于中国人来说，如果人有灵魂，如果真的有天堂、有地狱，那孔子的“勒马悬崖”就太可怕了。

“朝闻道，夕死可矣”。我们无法了解孔子这位先辈的真实想法，是感慨明白人生真理的艰难，还是表明追求真理的决心，或者，是为自己穷一生的努力，却一直未能找到真理的叹息？

⑥引自美国电影《撞车》主题曲。

今天，我们伟大民族在历经磨难之后终于得出一个结论：祖宗不足法。

生活不停地翻搅你的心，周而复始，
直到你明白万事不强求，
直到你明白摆脱傲气才能攀升天堂，
要把自我统统抛。⑦

《圣经》中说："谦卑的人有福了。"一位中国先哲说："路漫漫其修远兮，吾将上下而求索！"

⑦引自美国电影《撞车》主题曲。

同学同行，何其美好

1887年，柏格理23岁。1月27日，他和自己希博尔公学的同学，出生于英国西南部德文郡，比他小两岁的弗兰克，抱着拯救中国人灵魂的雄心壮志，从荷兰南部的提尔堡上船，3月14日抵达上海吴淞口。

三位中国内地会传教士热情地迎接他俩的到来。他们被领进一家理发店，然后又到了裁缝铺。走出铺子时，柏格理和弗兰克的装束从头到脚霍然一变，从发型到装束看起来完全和中国人一样：头戴小圆帽，上穿长袖上衣，下着肥大长裤，脚蹬缎子鞋，他们甚至还在脑后拖着一条假辫子。

两人看着彼此的样子，忍不住开心地大笑不止。虽然这新衣服穿在身上很不舒服，但他们知道这是他们向中国人民表达对中国文化尊重的一种方式。

在上海住了几天，他们被送往位于安庆的一个汉语培训学校，进行为期六个月的汉语强化学习。学校校长W.鲍勒牧师很喜欢这一对年轻人，不仅认真地教他们学习汉语，还以自己的亲身经历和日常言行感染年轻的柏格理和弗兰克。鲍勒校长还经常向他们描绘传教事业的美妙前景。柏格理终其一生都对这位老前辈的话坚信不移。

柏格理学起汉语来极其勤奋。不到三个月，他就能在街上和中国人做简单的交流。三个月的语言学习之后，他作了用汉语演讲的首次尝试。他在日记里写道：

> 尽管那天听众人数不多，而我当时颤抖得有多厉害是可想而知的。事后，听众们虽说尚能听懂我的演讲；不过，我觉得中国人通常都是这么说的。[①]

又经过三个月的艰苦训练，他们顺利地通过了学校的结业考试。考试既包含口语对话和一般文书的书写，又包括中国的经典著作《论语》和《孟子》的相关知识。柏格理的《论语》成绩非常棒。由于他很熟悉中国的经典，因此后来与中国的读书人及官吏们交往时有共同语言，得到他们

①引自《柏格理在中国》，沃尔特·柏格理著，苏大龙翻译，贵州民族研究所编《民族研究参考资料》第28集，1989年版，第3页。

的尊重。而这一点对柏格理一生的传教生涯带来了意想不到的好处。

临毕业，在老师的帮助下，他为自己取了个中国名字：柏格理。既和自己姓名的读音接近，又含儒家“格物致理”之意。他还仿照中国人读书人的喜好，给自己取了一个字，叫明星。弗兰克取名邰慕廉②。

走出校门，他和邰慕廉立即被派往当时传福音的最前线，中国西南人迹罕至的乌蒙山腹地，地处滇、黔、川边的云南昭通。

②英文名是 Frank J. Dymond，在中国还有一个中文名字，叫戴蒙德。

长江三峡遇险

1887 年 11 月 12 日，柏格理、邰慕廉和另外四个传教士溯长江而行。他们先坐轮船到汉口。从汉口开始，他们改乘一条本地的可供居住的小船。这是一条非常舒适的船，船上有四个房间，位置靠前的一间为餐厅和起居室。船每天只行驶约 30 公里，因此，有时他们还可以上岸散步或是去攀登岸边的岩石。三峡美丽的风光让他们常常流连忘返。

这一年的 12 月 13 日，他们的船到达了著名的险滩——倾天滩，这是当时过往船只必须经过的两大险滩之一。当通过这处凶险的急滩时，这个传教小团体突然遭遇到灭顶之灾。伯格理用他诙谐幽默的文笔写道：

> 突然间，前面甲板上传来一阵惊叫，大家顿时乱做一团。怎么回事？船身正在向左倾斜！人们几乎无法站稳！我们冲到房间的右边，企图增加右侧的重量，以保持船体平衡。大江一定在嘲笑我们的痴心妄想！
>
> 顿时，江水涌入舱内，淹没了一切。……我使尽全身力气，试着一点一点地朝舱门挨去，但是，洪水怒吼着，重重地将我击倒，肆意地践踏我。转眼之间小船及小船上所有的人和物品都被滔滔的扬子江水吞没。我们走投无路，既不能向前，也不能向后，更无法向上移动。不过，我们并不害怕，内心深处有一个坚定的信念在支撑着："我们是在上帝的召唤下而去中国西部的传教士，他不会让我们在这里淹死的。"
>
> 后来情况有所变化，狂暴、愤怒的老虎河死死地咬住我们的小船，把它撕得粉碎，甲板、垫子、船桨、桅杆和船帆被冲向四面八方。我们因此才得以挣扎出水面。……万斯通夫妇手拉着手抓住一只木箱，浑身都湿透了，但他们仍在奋力反抗。邰慕廉下落不明，连影子都看不到。我们会落个什么样的结局呢？在这种骇人的水流中根本无法游泳，身上的中国棉长袍使劲地把我们往水下拖。①

①引自《在未知的中国》，东人达、东旻翻译，云南民族出版社，2002 年版，第 19 页。

船工们用力地摇着红色的救生船赶来救他们。拉住柏格理手的那一刻，船夫笑了："啊，原来是洋鬼子。"

柏格理心急如焚："弗兰克、弗兰克，你在哪里？"船工们拼命地划船四处寻找。柏格理都快要绝望了，才发现邰慕廉全身湿透，狼狈不堪地趴在岸边的一块礁石上。

柏格理和邰慕廉两人从小在海边长大，一流的泳技救了他们。这时正是寒冷的冬天，他们穿着湿透的衣服，冻得全身发抖。他们随身携带的衣服、书籍、被褥及准备到云南使用的药品，全被汹涌的江水吞没。但让在场船夫惊讶不已的是，这两个外国人看着彼此的狼狈样子，居然开心地大笑起来。

这真是绝望和沮丧的时刻。如果柏格理和邰慕廉的意志不坚强，说不定就要打退堂鼓。两人商量后，决定先返回汉口向教会的弟兄借点盘缠，再闯长江天险，向重庆进发。

走上西南丝绸之路

1888年1月9日,他们到达重庆。1月17日,柏格理与邰慕廉动身从重庆出发。从此,柏格理的脚步走进了漫长的中国历史。柏格理走的这条路修建于秦朝,历史上叫"五尺道",或"石门道"。蜀汉诸葛亮就是在这条路上"五月渡泸,深入不毛",在乌蒙山区用怀柔政策,七擒七纵孟获,创造了一段中国民族团结的佳话。这条路线也被称为西南丝绸之路,如今是一条很美丽的旅行线路:重庆—泸州—叙永—威信—盐津(豆沙关)—大关—昭通。

临行前,英国朋友建议他们雇两顶滑竿。看着他们惊讶的表情,朋友对他们说:"像你们这样在中国西南旅行的外国人,租借一副滑竿不是为了舒适,主要是为了赢得中国人的尊重。没有滑竿这个体面的标志,你们就会被抛弃在大路旁,在摆渡过河时被迫等上很长时间,住店时会被安排在最差的旅馆、最差的房间。更为糟糕的是,你们会被认为是在英国无以为生,才来中国混饭吃的无业游民。"

没有人不想被人尊重,但柏格理和邰慕廉身上没有足够的钱供他们奢侈。从放弃银行优厚工作的那一刻起,柏格理已从一个年薪接近1000英镑的银行白领沦落为年薪不到50英镑的穷传教士。这意味着他必须重新过上他从小经历过的贫寒和捉襟见肘的生活。他本来已通过自己的努力成功地摆脱了这种生活,但为了上帝,他自愿放弃了。

人都喜欢往高处走,但为了上帝,柏格理甘愿向低处行!

从重庆出来大约6里之后,离一个坟场不远,有一个小山村。在那里他们租了两匹小马,这天他们走了60里路。沿途风景优美。上了山、下山,又上山、又下山。穿山谷、过小溪,翻过茫茫大山,缓慢地前进。行进的时候,马的铃铛清脆悦耳地响个不停。柏格理一路都在想念他的父亲和他的家人。父亲现在一定正骑着马巡回布道,而妈妈正在家中自己的小房间里默默祈祷,几个弟弟妹妹正在学校读书。柏格理在日记中说:

> 我感到孤独,但是"我将与你同在"。[1]

[1] 引自《在未知的中国》,第608页。本书未注明出处的引文全部引自《在未知的中国·柏格理日记》。

1月21日，他们在夜色中进入泸州。

1月31日，他们终于进入云南境内：

> 在极度难行的路上走了20里后，到达一个集镇。又行20里，越过一条小河，即进入云南省。此时，呈现在眼前的是灿烂的阳光和壮丽的景色。我们的路沿着山的一侧伸延，河水在下面流过。远方的山峰很高，还覆着白雪。

1888年2月8日一早，他们终于走出了茫茫群山，走在通向昭通坝子的一条平坦的山路上。路两旁地里栽着许多桃树和梨树。到处都能看到成群的黑脸山羊、短脚黄牛和水牛。坑坑洼洼的路上，不时有黄牛拉着车驶过。

柏格理兴致勃勃。他告诉邰慕廉，再过两个月，春天来到的时候，这块大平原上一定百花盛开。他还情不自禁地给同伴卖弄起他一路了解到的有关昭通的知识：昭通古称"朱提"、"乌蒙"，历来是中国少数民族聚居之地。公元前250年，秦昭王命蜀郡太守李冰在崇山峻岭中开山凿岩，修筑通往云南的道路。秦始皇时，派"常略通五尺道"，把李冰开凿的道路从四川宜宾经昭通延伸到云南曲靖。因路宽仅五市尺，故称"五尺道"，由四川宜宾起经水富、盐津、大关、昭通、鲁甸到曲靖往西一直到越南诸国。公元前135年，汉武帝采纳了司马相如"通夜郎道，从夜郎浮船取南越"的建议，派唐蒙出使夜郎建立犍为郡，修建"南夷道"。从四川成都出发，经眉山、乐山、宜宾、高县、珙县，再经今云南昭通境内威信、镇雄及贵州赫章、威宁、会泽，南至曲靖、大理，出国抵达缅甸、身毒(印度)、西亚诸国和古罗马。这就是著名的"西南丝绸之路"。

"你知道在这一带最有名的人物是谁吗?"他问好友。

邰慕廉还真的不敢肯定，问："撒母耳，你觉得呢?"

柏格理笑了起来："是诸葛亮。中国人称呼他诸葛孔明。三国时期，他在这一带七擒孟获，但又七擒七纵，他的仁义之心终于把这一带的部落首领都感化了。"

"是啊，"邰慕廉说，"我们也要向这位诸葛孔明学习，用基督的大爱感动这里的人们信主。”

两个朋友你一句，我一句，时间过得飞快。不知不觉间，他们远远望见昭通的城墙。夕阳西下，当山峰穿越平坝的阴影越拉越长的时候，两个人终于穿过城门洞，进入昭通。

没有一个人迎接他们。他们一路走着问着，穿过一条曲曲折折的鹅卵石路面，进入一条狭窄的小巷——学院街。听到一大堆孩子的喊叫声，住在一个小屋子里的托马斯·索恩，他们希博尔公学的另一个同学，激动万分地走出来拥抱他们。

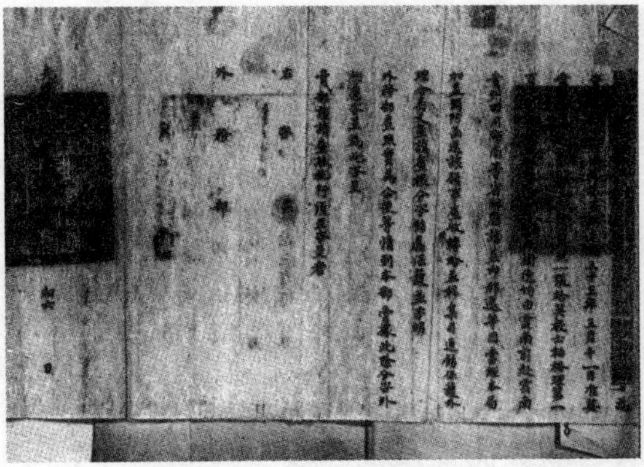

※ 1907年,云南总督为柏格理护照加盖关防致外交部的函件(**上图**)
※ 柏格理那个时代的昭通城门(**下图**)

先驱者的足迹

刚到昭通的日子

死神的名字

最后的圣餐

行走在昆明周围

穿着美丽衣裳的恶魔

困难重重之秋

祸不单行

托马斯·索恩殉道

坚韧不拔是善

唯有耶和华熬炼人心

第二章　圣徒是怎样炼成的

先驱者的足迹

1877 年，中国内地会英国传教士卖嘉底[①]溯长江而上，经四川巴县(今重庆巴南区)等地，从东到西徒步穿越云南，于这一年 8 月底抵达缅甸八莫，是有史记载的基督教传教士进入云南的第一人。1876 年，另一名中国内地会英国传教士康慕伦[②]从四川康定进藏，一路走过理塘、巴塘、乡城，经云南大理、丽江，于 1879 年到达八莫。

1881 年，中国内地会英国传教士乔治·克拉克[③]夫妇从上海出发，绕道缅甸进入云南，经腾冲、保山等地来到大理，在大理吉祥巷建立云南第一个基督教会。1882 年，乔治·克拉克又派人到昆明，建立教会。

1883 年，英国圣经基督教教会在中国内地会的帮助下，委派传教士万斯通、托马斯·索恩[④]等人经四川宜宾到滇东北昭通传教，是滇东北创设教会的开始。

英国圣经基督教教会是卫斯理公会的一个分支，1815 年在托马斯·索恩的曾祖父约翰·索恩的农场厨房里举行第一次聚会，由约翰·卫斯理亲自建立。柏格理的祖父塞缪尔·波拉德也是教会的主要同工。

教会人数不多，分布在英格兰西部与南部一带，成员绝大多数是贫困的农民、渔夫和矿工。人们虽然活得很艰辛，却具有狂热的传教热情。他们感到上帝赋予他们这样的责任：去关心、去爱远在地球另一边的中

①英文名是 John M'Carthy。
②英文名是 Cameron。
③英文名是 George Clarke。
④也有的写成“索里仁”。

国人民。

钟焕然是柏格理的同工，他们一家也是昭通最早信仰基督教的家庭之一。在《中华基督教循道公会西南教区各少数民族信仰基督50年史》中，他充满深情地回忆起这段历史：

这时，我家还没有信仰基督教。只听到两个外国人在城里宣传，一个姓樊[⑤]、一个姓索，他们从长江逆流而来到昭通的时候，租赁房屋住都很困难。虽然他们穿着中国服装，也会说几句中国话，像中国人一样，可是他们的皮肤面貌与我国人大不相同。人们少见多怪，都有歧视的观念。因此人都畏而恶之，不肯租房给他们居住，还是清朝官吏替他们寻找住处，才在城内学院街租到一所民房暂时做宣教工作。那时是科举时代，三年一次，昭通各地的学子都要云集在学院街参加科举考试。

樊、索二教士居住在学院街，就是要乘这考试的机会，向各州、县来考试的考生和群众宣传宗教，盼望把福音的种子散布到各县去，成为将来在各州县设立教会的基础。可是当时的群众虽听到洋人的名词，而从未见过洋人的面孔。近日乍见拥挤不堪，幸亏他们已学会普通的中国语言，又用和颜悦色、谦虚温和的态度对待群众，群众也就渐渐地接近他们。

在当时做宗教工作的教士，必须有基督忠实的意志，怀着冒险牺牲的精神，坚忍不拔的耐心，才能肩负此任务。西人到街场传教时，往往遇到人呼叫“洋鬼子”，或向他们抛掷石块，或当面嘲笑谩骂，而他们都是置若罔闻，随时对人表示友爱、真诚的态度。不是一时的忍耐，而是这样长久的作为，因此人们也就渐渐地和他们往来。

⑤此处可能有误，应为“万”。据记载，昭通最早的传教士为“万斯通和托马斯·索恩”。

刚到昭通的日子

1888年，昭通城大约有5万居民。鹅卵石铺就的街道，宽度仅仅容得下一辆牛车经过。猪群在居民门前的污泥里打滚。夜里，全城一片漆黑。只有偶尔响起的几声梆子，打破死一般的寂静……

柏格理他们租住一间带院子的普通民房。有楼上楼下一共两个房间。他们把楼上的作为卧室，几个同学晚上就挤在一张床上。屋内有一架上下楼用的梯子，仅一扇小窗户，为两个房间共同拥有。

底楼他们用板壁隔成里外两间。里间当做餐厅和书房，外间用来接待客人和布道，摆着一张桌子和四把椅子。椅子粗劣无比，柏格理以他诙谐幽默的文笔说到这些椅子：

> 屋里的家具粗劣无比，尤其是椅子，目中无人、直挺挺地站着，还生就一副坚硬异常的本性，拒绝向一切人或事物弯腰。该死的东西！后来这些高傲的、不折腰的椅子被用坏了，得到它们应有的下场。①

房屋后面是一个小院，小院的一部分搭有顶棚，做马厩用。汉族"用人"在为他们烧饭做菜的时候，马儿就在小棚里兴致盎然地大嚼玉米。

每天，他们都要到街上去传教和散发福音小册子。邰慕廉去繁华的西门，柏格理则去陡街商业区——千总驻兵的大院里，那里聚集着城内三教九流的人，做小生意的、说书的、算命的、赌博的、走江湖的郎中和许多游手好闲的人。柏格理就在这些人中找一小块空地，摆上书籍和药箱，开始大声吆喝，但比起周围的嘈杂声，他的声音无疑很小。为了吸引更多的人，他索性买了一面铜锣。每当柏格理敲响铜锣，一下子就能吸引来很多人，跑过来看究竟发生了什么事情。不久柏格理就成为那里的名人，人们为他取了一个外号"敲铜锣的小个子洋人"。

柏格理用他刚刚学到的汉语，大声宣讲耶稣的故事：

"乡亲们，请你们先站一会，我有最要紧的道理，要告诉你们。我刚到贵国不久，中国话说得不好，不知道诸位能不能听得懂？"

①引自《在未知的中国》，第40页。

人群中有人大声回答："听得懂，听得懂！你说吧。"

柏格理说："过奖，过奖！我还要向诸位多学习。现在我想请教大家一个问题：贵国人士，常挂在嘴边的一句话，就是老天爷，请问这位老天爷你们认识不认识？"

一位老人笑着说："老天爷在天上，我们在地上，相隔太远啦！"

"说远也不远。"柏格理说，"这位老天爷就是真神上帝。神爱世人，派遣他的独生子耶稣基督，从天上降世，拯救人类。使人因见耶稣得以认识上帝，依靠耶稣为救世主。这就是我不远万里来贵国要告诉大家的好消息。"

柏格理见众人听得认真，越说越有精神："我本人就是一个例子。我因信服上帝为天父，承认耶稣为救世主，心中得了大快乐，生活得了大益处。所以，我真心希望大家认识这位真神上帝，也就是你们说的老天爷。"

人们越听越糊涂，一哄而散。

但柏格理不是轻易泄气的人，他和邰慕廉沉浸在工作带来的巨大欢乐之中。他们从不放过向任何愿意听讲的人布道的机会。柏格理在日记中写道：

> 向一个从不知晓上帝的人介绍耶稣的爱，是连天使都会羡慕的工作。②

②引自《在未知的中国》，第476页。

死神的名字

虽然柏格理和邰慕廉的讲道没有人理解，但他们的医术、热心和任劳任怨很快让他们在昭通变得家喻户晓。

柏格理他们从英国随行带来了一些药物，这些药对于治疗常见病十分灵验。许多幼儿眼睛发炎，柏格理就用消毒剂为孩子清洗。昭通很多人患有肠胃病和疟疾，柏格理和邰慕廉总是尽力帮助向他们求助的人。

一天，邰慕廉从西门回来以后，感觉身体很不舒服，头疼得厉害。他们以为邰慕廉可能太疲倦了，好好睡一个晚上就没事了。谁知到第二天，邰慕廉丝毫不见好转。第三天，情况越来越不妙。

他们想找医生检查一下，问题是医生远在昆明，距离他们有足足两个月的行程。

柏格理翻出带来的《热带手册》，想查出邰慕廉得的是什么病：

> 我一页一页地读着，仔细查找对各种症候的描写。终于，我忽然找到一种与邰慕廉的病情极其相似的病症。竟然是如此惊人地相似！再看看那页的标题，顿时，疾病的名称吓得我不寒而栗。怎么？难道真的是……？不！不！！不！！！不可能是那样的。我再也不敢接着往下看了。我要找的是一种平常的，易于护理的疾病，一种不会轻易把人领向死亡，引入棺材，带进坟墓的疾病！……然而，不知怎么的，我发觉自己又翻回到那一页，就好像那里有邰慕廉最近的照片，一切都是如此形象，真实得不能再真实。最后，我们被迫屈服，接受了不可避免的现实。我们意识到自己正在同一个恐怖、冷酷、以杀戮为乐的魔头搏斗。中国人称这个病魔为“天花”。[①]

柏格理和邰慕廉永远也不会忘记那些可怕的日子。当时的处境异常险恶，他们度日如年、心乱如麻：

> 许多年前的一天，我独自走在郊外通向城墙的坟地里，遍地都是坟墓，一个人走在当中很容易迷路。我的情绪低落到极点。因为我十分恐惧，害怕几天以后在这块足足五英里长、有数千座坟的阴森

①引自《在未知的中国》，第42页。

恐怖的墓地里会添一口新坟。邰慕廉和我又遇上麻烦了，他身患重病，正一个人呆在家里，我们俩都感觉到死神正在召唤他。要请来距此地最近的西医也必须用整整两个月的时间。很显然，我们孤立无援，我们的心都碎了。我暗想："如果邰慕廉一个人被孤孤单单地葬在这里，我怎样才能写信回去，告诉他母亲说她儿子已经走了呢？"……

或许死神不会满足只拥有一位病人的战果，在带走邰慕廉之后还要来领我。这样的话，世上就多了两口棺材，两座坟墓和两位肝肠寸断的英国母亲。[②]

②引自《在未知的中国》，第 39 页。

最后的圣餐

柏格理在四个礼拜的时间里，不分昼夜地守护着邰慕廉，衣不解带，密切注意病情的变化：

礼拜日下午，邰慕廉觉得自己快要不行了。我心如刀绞一般，却又无计可施。他的请求都把我吓傻了："撒母耳，在我临走之前，在把我一个人孤零零地留在这里之前，撒母耳，你觉得我们是不是应该最后一次共用圣餐呢?"当然，我答应了他。只要能为生病的老伙计带来一丝一毫的安慰，不论是何种要求，我都会去尽力满足。圣餐很快就准备好了，两只中国式茶杯、一小壶茶和一张中国烤饼是我们所需要的全部物品。我顺着梯子，用一个中国式的硬纸板做成的小托盘把这些东西带到楼上，托盘是大红色的，鲜艳夺目。我们分享圣餐的时候从来不饮酒，却用平淡无味的茶水代替。象征着耶稣的爱的红托盘放在邰慕廉盖的中国棉被上。紧接着仪式开始，我一生中几乎没有再遇到过比主持那次仪式更艰难的任务了。我的好朋友、我的老校友奄奄一息，正在准备着到另一个世界去，看来，耶稣真的在盼望着他。我再也忍不住了，在楼上的小屋里分烤饼时，我泪如雨下。唱赞美歌、祈祷，一切都顺利地进行着，然后，像往常一样，我们还要说几句感谢救世主的话，感谢他给我们的最后的爱。我是仪式的主持者，这些话本应该由我来讲，可是，就那么几句话，却怎么也道不出口。我的喉咙好像被什么东西哽住了，咽也咽不下去，什么话也说不出来，眼泪又扑簌簌一个劲儿地往下掉，彻底挫败了我的每一次努力。

尔后事情突然有了转机。邰慕廉接过我的话路，开始讲话。我永远都不会忘记他在那天下午所表现出来的非凡的信心与真诚。面对死神，他毫无惧色，毫无怨言。忍受着剧烈无比的痛苦，希博尔公学的老伙计把他的心紧紧地依靠上帝，他一遍又一遍地感谢主的博大的爱，为自己能够去天国陪伴耶稣而感到高兴。[1]

①引自《在未知的中国》，第44页。

在最为危急的时刻，他们的援兵赶到，帮助他们和死神抗争。柏格理后来写道：

读者们！我敢肯定耶稣当时就呆在这二楼的小屋子里；我们为他的仁爱与到来而热烈地欢呼着，并且感到了极大的欣慰。死神好像失去了他所有的肆虐，取而代之的是一片光明，是主带来的胜利的征兆。

以一种中国人无法想象的方式，来自天国的鲜花在死神徘徊了很久的小屋里盛开了。邰慕廉讲完话以后，我们开始喝茶，吃圣餐。发自内心地向耶稣基督表达自己无限的忠诚。

那天下午以后，事情开始逐步好转。慢慢地但又千真万确地，患病的传教士从死亡之谷中爬了上来。[②]

我虽然行过死荫的幽谷，
也不怕遭害，
因为你与我同在；
你的杖、你的竿，都安慰我。[③]

②引自《在未知的中国》，第44—45页。

③引自《圣经·诗篇23》。

行走在昆明周围

邰慕廉慢慢地强壮起来。不久，托马斯·索恩带着新婚妻子回到昭通。

1888 年 8 月，柏格理、邰慕廉和另外一位朋友一道，开始了去往昆明的旅程。这段路他们走了 13 天。柏格理后来回忆说：

> 整个旅行充满了灾难与不幸。苦力们跑了，还拿走了大部分行李。我们三人不得已，只好盖一条棉被，下面再铺上草垫。有一次我们睡在泥土屋地上。为了节省空间，睡觉时大家挤在一起，铺盖的一头是两个脑袋中间夹着一双脚，另一头则是两双脚中间夹了一个脑袋。一天又一天地，我们在雨中泥里艰辛地跋涉着。最后到达目的地时，赶来迎接的传教士 T.C.万斯通牧师说，我俩是他所遇到过的最狼狈不堪的传教士。

一到昆明，柏格理就根据昆明周围 60 个村寨的分布情况，亲自制订了一套线路，定期到这些村寨做巡回布道。

> 3 月 25 日，在二号路线的一个小寨子里，他们告诉我们，有几个男孩曾经看见我们往他们的饮用水中投毒药。一位老大爷说："这些人走遍了村村寨寨，劝人从善，他们不会干这种事。"能有这样的声名，真要感谢上帝。

和在昭通一样，柏格理以他的热情、勤奋、不屈不挠，很快在昆明附近建立了良好的声誉。

穿着美丽衣裳的恶魔

那个时代，在中国云南，到处都能看到大片大片的罂粟花。穿着美丽衣裳的恶魔！柏格理在《中国历险记》里写道：

记得在中国生活的那段日子里，早些年间最令我们感到惊心动魄的场面，恐怕就是所谓的“鸦片事件”。这些鸦片事件通常是指自杀行为。不分昼夜，一天二十四个小时之内随时都可能有人请我们前去救助自杀者。①

柏格理接着详细讲述了他在昆明救助一个吞食鸦片自杀的人的经过：

（我们）来到自杀者的家中，他的朋友把我们领进一个房间，也就是自杀现场。我们发现一位强壮的男子正在大发脾气，其愤怒程度简直无法形容。据介绍，他遭受了沉重的打击，于是就下决心自杀，吞服下大量鸦片。没过多久，他的朋友发现他干的蠢事，就迅速派人去向传教士寻求帮助。刚刚跨进门槛，我们便意识到问题的严峻性，如果要挽救这条汉子的生命，一场激战将无法避免。……

自杀者孤注一掷，拼命反抗，一时间竟然无法控制他。不过，我们最终还是把他按倒在桌子上，紧紧地抓住不放。他使尽全身力气，不停地挣扎。我们把一扇很重的门卸下，压在那位男子身上。一些朋友扯住他的手和脚，我坐在门上，使他无法动弹，另外一个传教士就负责给他灌催吐剂硫酸锌。到了这个时候，自杀者仍是不服，他咬紧牙关，死命地闭上嘴巴，说什么也不张开。我们要来一双筷子，硬是把他的嘴巴撬开，经过一番周折，终于把硫酸锌和水一勺一勺地灌进自杀者的嘴里。……

此人逐渐平静下来，当我们离开的时候，他温顺得可以任人摆布。②

①②引自《在未知的中国》，第62—63页、第63—64页。

困难重重之秋

然而在三年的时间里，柏格理他们的小团体在引领人信主方面，却一直没有任何成绩。要知道这才是他们来中国的目的啊！

但他们没有灰心。两个年轻人不断地相互鼓励，总结经验，寻找突破口。在1889年2月25日的日记中，柏格理写道：

> 邰慕廉和我就下到群众中去的问题进行了长时间的交谈。我认为我们的行动是正确的，而上帝正在我们的心中产生作用。不管他们是否皈依，上帝都将帮助我们，并给予我们力量，以沿着正确的道路前进。邰慕廉也坚定地表示，要继续干下去。他准备下到苦力和其他劳动阶层中去。

在1890年年底的日记中，他写道：

> 12月31日。据我所知，本年度没有一个灵魂获得拯救。今年最大的赐福就是主使我得到提高。我将以比开始时更大的希望来结束这一年。

大多数人对他们依然充满了警惕和不信任，人们的怀疑通过购买传教士的印刷品时的一个举动显示出来。他们可以付少许几文钱买一本印有经文的小册子，然后拿在手中，打开之前上下左右闻上一遍。因为有一种谣传说，外国人所卖的小册子中含有能够致人死的毒药。买书者希望通过嗅觉来发现毒物的蛛丝马迹。于某日走访过几个村寨后，晚上柏格理在他的日记中写下：

> 今天有更多的人闻到了《圣经》。

他不知道究竟怎样做才能取得人们的信任和关爱：

> 读了《约翰福音》，我真不知道怎样才能吸引这里的人们，如何才能赢得他们的爱呢？此地的工作竟如此之艰难。我们所遇到最多的莫过于诅咒和猜疑了。下午，当我经过一个书店门口时，他们把我喊进去，让我给他们看病，还要了些西药。只有这时，才有了和他们交流感情的机会。

经由南门回来，遇上一位也了解我的小姑娘，她并不怕“洋鬼子”。她的微笑令人感到欣慰。不要说再取得进一步信任，就这已经很不容易了。为得到人们的爱，我究竟该如何付出呢？主啊，无论如何都帮助我保持对这里人们的热爱吧！

为了耶稣，他愿意忍受来自别人的侮辱：

一位衣着华丽的青年绅士，他以前经常去昆明传教所问些各方面的问题。他抨击我、侮骂我，不让众人买书。他还嘲笑我们的教义。“为什么耶稣只去你们那种小国而不到我们这个大国？”“如果你能够进天国，为什么你没有到那里去？”

祸不单行

工作上，辛辛苦苦，毫无收获不说，死神也一步步向他们逼近。在昆明期间，柏格理的同工万斯通染上了疟疾，万斯通的妻子患了天花，在这节骨眼上，他们的女儿又病死了。万斯通躺在床上，悲痛难忍。柏格理买了口小棺材，把孩子装到棺材里，雇人扛到城外荒山坡上，亲手为孩子挖了一个墓穴。

厄运接踵而至。应柏格理他们的要求，英国圣经公会又派了两位小伙子来云南和他们会合。但他们很快得知，派来的两个人中，有一个刚到上海，就罹患热病不幸去世。

1890 年 7 月 28 日，万斯通夫妇因病情严重被迫返回英国。此时，他们这个小团队中还剩部慕廉和托马斯·索恩在昭通苦苦坚守，柏格理一个人孤零零地留在昆明。

如果其他人都要撤离，难道我就同他们一起走并接受失败吗？

托马斯·索恩殉道

柏格理决定坚守。这时他“打摆子”越来越厉害，身体趋于崩溃。为让他休息一下，邰慕廉来到昆明。柏格理随即动身去昆明北部旅行，想换个环境休息一下。

刚到会泽，柏格理就得到托马斯·索恩在昭通因病去世的噩耗。柏格理想起他和邰慕廉刚到昭通，索恩在欢迎他们时所说的话：

似乎极有可能我们当中的某些人，必须以倒下的身躯来为基督的教会在中国的创建而奠基。[①]

托马斯·索恩，希博尔公学三杰之一，柏格理、邰慕廉的同学和同事，最早来到中国云南的基督教传教士，中国人民的好朋友，终于以自己的生命实践了他对上帝的誓言。

在柏格理和邰慕廉来到云南的三年时间里，托马斯·索恩和万斯通是他们仅有的同工。而现在，托马斯·索恩已离开人世，万斯通不得不回到英国。付出了这样大的代价，却看不到一丝希望。

他们在英国的教会动摇了。就好比一个商人，投资的100万元全部打了水漂不说，坚持下去还要追加投资，却看不到任何获利的希望。他们来信建议柏格理他们考虑放弃在云南的事务。

这是迄今为止，柏格理经历的最为严峻的考验。整个团队人心动摇，死神每天都向他招手。告诉他，下一个我要的就是你：

真不知道对我们这个小小的传教使团是个什么年份。主在帮助我们增强信心，主让我们随时准备听从召唤。可能我很快也要离去。

①引自《在未知的中国》，第588页。

坚韧不拔是善

眼见朋友和同事要不命赴黄泉，要不身患重病，郃慕廉变得越来越烦躁不安。一次，他大发脾气，说再也不愿意待在这样缺乏基本安全保障的地方，做无用功，而且建议柏格理和他一起辞职。柏格理极其忧伤。郃慕廉显然过度紧张，并精疲力竭，最近他在昭通街上被一个醉汉拖住打了个半死。最后郃慕廉感到再也无法忍受，愤然出走，到了重庆，住在一个弟兄家中。朋友热情地接待他，聆听他的倾诉，安慰他。

来中国的时候，柏格理虽然做了最坏的准备，但根本没有料到他们的生活会这样缺乏安全保障，环境这样艰苦，付出的努力如此徒劳。如今柏格理本人也病得厉害：

> 3月14日。日出之前，已经走出了20里路。中午时分进入会泽城。随即取出许多书，在街上赶最佳销售时间。谁知吆喝了一阵后，竟经历了一场危险。当时，我被突然袭来的旧日感觉所折磨(指疟疾发作——本书作者注)，而醒来后，却发现自己躺在泥污的地上。

经过几个月恒切的祷告，柏格理决心接受挑战，待下来继续战斗，即便只剩下他一个人，也绝不动摇。如果是主的意思，就含笑接受死亡。

全部重任都压在他年轻的双肩上。在长江三峡遇险船毁的时候，他没有想到过退缩。现在，他仍然坚持要看个水落石出。危机锤炼了他的忠诚品质。他感到悲痛与失望，但拒绝承认失败。他下定决心，无论发生什么事情他都要待下去：

> 11月10日。甚至在没有一个人再来的情况下，我还准备坚持下去吗？我必须振作起来，为了力量而祈祷。愿主帮助我们，并拯救贫穷古老的云南。

在重庆住了一段时间，郃慕廉的心情慢慢平静下来。上帝的灵安慰他，朋友们也劝告他不要辜负了自己来中国的抱负。一天，郃慕廉读《圣经》时，读到这样的经文：

> 两人同行比一人更好。

这人跌倒，那人可以扶他起来。

他猛然醒悟，想到自己把柏格理一个人扔在昭通，实在不应该。于是立即收拾行李，返回昭通。他决心一起留下来，和柏格理并肩作战。

唯有耶和华熬炼人心

主在指派柏格理他们之前，首先要把他们变成合用的器皿：

10 月 20 日。我希望成为一个仁慈的基督徒，不对任何人说一句谎言，不对其他基督徒有丝毫怀疑。到中国已有三年多了，感谢上帝把我带到这里！愿上帝帮助我，为了他而每日忠诚地生活。

在日常生活中，他不断地审察自己，发现自己离主对他的要求还很远。一次他因为一件小事和人吵了起来。过后他在日记里说：

我感到我们处理得并不对。我期望我的身心能为耶稣所占据，就不会有发火和愤怒的余地了。每当这种事情发生之后，我总感到有愧于耶稣，因为他在中国这块地方有个如此不中用的代表。哦，我正走在纯洁的大道上！我要走下去！我要走下去！我必定走下去！

回来时我向那个男子道谢，并同他亲切交谈。

柏格理养了一只狗，他给狗取了个美丽的中国名字：贝贝。贝贝生着一双又大又黑的会说话的眼睛。在柏格理最孤独的日子里，这个小家伙带给他很多的快乐。一天，一个孩子在街上欺负贝贝：

一个孩子拿石头打“詹姆勃”(狗的英文名——本书作者注)。我冲他走过去，吓唬他说，如果他再打狗，我就要揍他。我讲话时特别急躁，事后我感到很不安。在这里，我们代表了耶稣的形象。人们只是通过对我们的观察去认识耶稣。如果我以平静和亲切的态度对那个孩子讲话，同样能够解决问题，那他就会认为耶稣更为仁慈。

这一年的最后几天，柏格理不断地祷告，祈求，等候主的降临：

12 月 21 日。我感到仍然需要一种更高境界的生活和更充实的力量。我想使自己进一步神圣化(“神圣化”在这里译作“圣洁”似更好——本书作者注)。在上帝的帮助下，我会达到目的。晚上，我用了更多时间为此而祈祷。

祷告一段时间后，柏格理仿佛看见魔鬼走近他，对他说：你祷告什么呢？你祈求什么呢？你感恩什么呢？你信仰的主根本不存在！你想想，你为了这个主，抛弃一切到中国来，可是他都给了你什么？寒冷、恐惧、灾难、侮辱、死亡……如果你们的主是全能的，如果他真的爱你们，他会这样对待你们吗？

柏格理大声呼喊，祈求主帮助他，把那一段时间时时诱惑他的魔鬼赶走。

> 12 月 22 日。夜里，在楼上用了两个小时以等候主的降临。
>
> 12 月 23 日。等待。
>
> 12 月 24 日。我相信耶稣的宝血能洗净所有的罪恶。

信仰上帝的道路是通过苦难到达圣洁的道路。上帝在借着柏格理挽救灵魂之前，首先救了柏格理，把他从一个血气方刚的年轻人变成合乎主用的工具。

佛教认为一个人受苦是咎由自取，或其前世做了什么孽。儒家信奉的是精英人生，认为一个人受苦可以修养品格，增添力量。“天将降大任于斯人也，必先苦其心志，劳其筋骨……曾益其所不能。”如果必须受苦，受苦的目的就是增加他的修养和能力，内圣外王，掌控自己，靠自己的力量改变世界。

而基督信仰与此不同。如果说柏格理刚来中国时还有很多欲望和年轻人的野心的话，在中国早期艰难的岁月让他成为一个紧紧依靠上帝的祷告的基督徒。因为环境逼迫他去祈祷。祈祷时他必须以极大的毅力保持全神贯注，否则他将根本不可能使自己免于灭顶之灾。

> 12 月 30 日。读了《隐藏的生活》——基于适当的信心。然而信心的产生却是如此容易。即从上帝本人的言词中去追寻他。可我却一直等待某些事先的显示。现在，我答应上帝，让一切都依靠他的想法就此终止。我要为他而埋头工作，并且只是相信他在指导着我。这些看来都是那么容易和轻巧。当我全然醒悟之后，由于特别兴奋而笑声不断。我跑上楼去感谢上帝，先是笑，然后哭喊起来。我将永远属于您。
>
> 12 月 31 日。就我所知，本年度没有一个灵魂得到拯救。今年最

大的赐福就是主使我得到提高。我将以比开始时更大的希望来结束这一年。

在旧的一年将要终结时，主啊，我更新了我与您的契约。在您的帮助下，无论何时何地，我都要诚心诚意地为您服务。我的全部身心都属于您。

靠着祷告，他从主那里不断汲取力量。他学会不靠自己，单单地仰望上帝。

上帝给他指明了方向。在1891年1月4日的日记中，他写道：

今天，我清楚地感觉到每一件事情都得到了主的明白指示。我本来没有意识到什么事情，却由他表达出了意愿。我还是要依靠信心坚持下去。

下乡返回时，我注意到人们一直在清理沟渠，挖掘运河。这就是信心的启示。天是晴朗的，这种晴天已经持续了多日。目前没有任何要下大雨的征兆。但为了有备无患，人们正在清理河道。我告诉老杨，我们的工作也恰似这样。我们也正在准备，为了准备而搬开石头，挖掘我们的渠道。

上帝通过柏格理在日常生活中看到的一件极其普通的事情启示他，他现在所做的一切看起来徒劳无功，但其实很有意义。他们首先要做的是准备自己的心，并且以实际行动关爱人，一步一步赢得人们的好感。

那天晚上，他和邰慕廉分享《圣经·约伯记》第23章，他们感到这卷书他们虽然已经读过很多遍，但从来没有像今晚这样读得明白：

只是我往前行，他不在那里；
往后退，也不能见他。
他在左边行事，我却不能看见；
在右边隐藏，我也不能见他。
然而他知道我所行的路，
他试炼我之后，我必如精金。
我脚追随他的步履，

我谨守他的道,并不偏离。

他嘴唇的命令我未曾背弃;

我看重他口中的言语,过于我需用的饮食。

圣徒就是这样炼成的。柏格理和邰慕廉所经历的是主的使徒的必修课。戴德生是这样,柏格理所敬仰的李文斯顿也是这样。

初到云南的这些日子,上帝让他们用生命读《约伯记》。让约伯的经历成为他们自己的经历。苦难让他们真实地感受到了主:

我以前风闻有你,

现在我看见了你。①

①引自《圣经·约伯记》第42章。

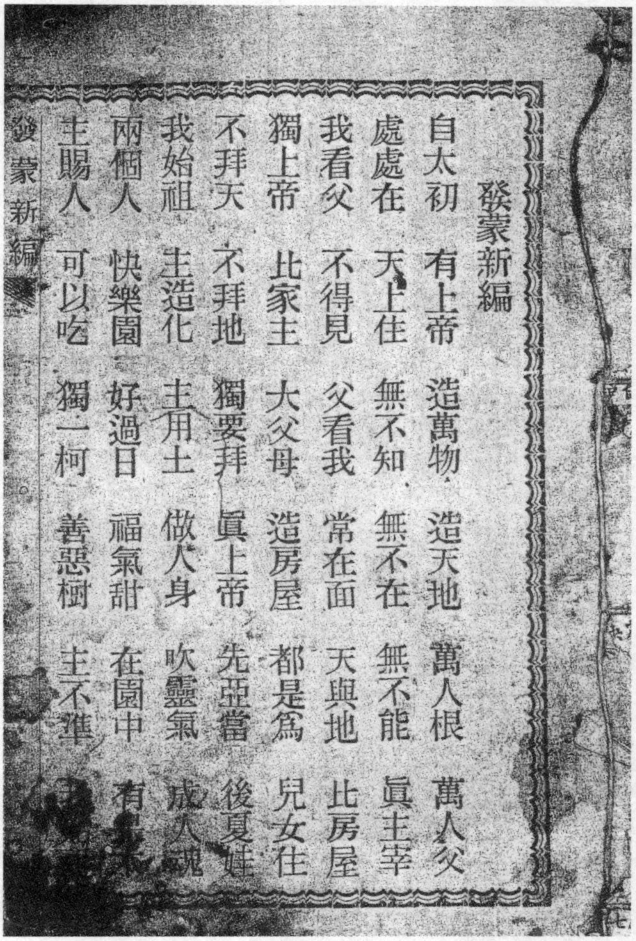

發蒙新編

自太初 有上帝 造萬物 造天地 萬人根 萬人父
處處在 天上住 無不知 無不在 無不能 眞主宰
我看父 不得見 父看我 常在面 天與地 比房屋
獨上帝 比家主 大父母 造房屋 都是為 兒女住
不拜天 不拜地 獨要拜 眞上帝 先亞當 後夏娃
我始祖 主造化 主用土 做人身 吹靈氣 成人魂
兩個人 快樂園 好過日 福氣甜 在園中 有[illegible]
主賜人 可以吃 獨一柯 善惡樹 主不准 [illegible]

發蒙新編

※ 柏格理教苗民读书时所用的《发蒙新编》

一颗明亮的星星

播种爱心

真正的朋友

只有耕耘，没有收获

靠着主，不断圣洁

十年辛苦的收获

我能告诉你们的，就是要爱中国

开中国新式教育风气之先

天足会与妇女解放

上帝是我们的避难所

来自凉山的诱惑

第三章 我的良人，我的佳偶

一颗明亮的星星

在苦难中，上帝已预备好一颗明亮的星星，放在柏格理充满希望的地平线上。

1890年春，柏格理疟疾频繁发作，到中国内地会在昆明办的医院去看病。医院建在一座小山脚下的一小块斜坡上。小山长满树木，山上有座孔庙。

埃玛·韩素音[①]，一位来自英国家乡的长着满头金发的异常美丽的护士，热情、仔细地看护他。柏格理发现这个小女孩把他的病房、床铺收拾得特别干净。埃玛在病房桌子上摆了一个花瓶，每天都从田野里采集各种各样的鲜花，插在花瓶里。通过向医院其他人打听，柏格理了解到，埃玛是南丁格尔的得意门生。当她来参加南丁格尔护士学校的面试时，连南丁格尔都惊讶世上有这样美丽的女人，亲热地称呼她“古代图书上的牧羊女”。南丁格尔问她：“埃玛，你为什么要当护士？”埃玛回答说：“上帝招呼我服侍他。”

埃玛不仅有古典美，而且能干、机智，后来以第一名的成绩从护士学校毕业。

当南丁格尔为选派她去中国征求她的意见时，埃玛坚定地回答：“成为护士是上帝对我的召唤，无论到任何地方，我都会怀着顺服的心与美

①英文名是 Emma Hainge。

好的盼望去面对。如果中国需要我，我愿意去。”

埃玛还和柏格理交流她来中国以后的感受。她说自己来到中国以后，由于医院的旁边是一大片沼泽地，因此她也染上了疟疾。由于长期生病，有一段时间几乎忘记了健康是什么感觉。但她也体会到上帝从未像现在这样离她这么近。

两人谈到各自的理想，埃玛说护理工作就是认识如何管理好环境的法则，并且搞好环境和医疗卫生。看到那么多中国人由于不了解环境卫生知识，他们的饮水、食品、住宿环境被污染，因此传染病流行，很多人因病而丧失了生命，她很伤心。她梦想有一天能深入中国的农村，帮助人们改善环境卫生。埃玛相信，只要中国人民了解了卫生知识，他们患传染病的几率就会大大降低。

很快，柏格理爱上了这个美丽爱主的女孩。但他不敢相信上帝会把这样美丽迷人的天使赐给他。他在病床上不断地祷告，祈求上帝赐给他力量和勇气。一天早上，趁埃玛查房的时机，柏格理把预先写好的一封信偷偷地塞进埃玛的衣服口袋。

整整一天埃玛都没有露面。柏格理坐立不安，心情沮丧到极点。第二天早上，走廊里响起埃玛清脆的脚步声，柏格理眼巴巴地望着门口，她看见埃玛脸上那天使般的笑容。埃玛走进来，把刚从田野里新采的鲜花插在花瓶里，收拾好房间，笑眯眯地给柏格理量体温。柏格理看着埃玛，涨红了脸，一句话都说不出来。他眼睁睁地看着埃玛离开，回来躺在床上，若有所失。他坐起来，想下床走一走，突然看见桌子上有一张小纸条。

纸条是埃玛写的：“亲爱的撒母耳，感谢主耶稣！我曾经告诉过南丁格尔妈妈，我一生只想做两件事：结婚与当护士，因为两者都是服务他人。我喜欢当护士，因为可以服务很多人，这个理想我已经实现。撒母耳，感谢你帮助我实现第二个理想，我爱你。祝你早日康复！”

柏格理高兴地跳了起来。

1891 年 11 月，这对情侣骑着两匹马去重庆英国领事馆办理结婚手续，旅行结婚。情投意合、欢歌笑语、你追我赶。柏格理的心情格外高兴：

从北部返回云南。沿途景色壮丽。雄伟的群山屹立在四周，山峰连接青天……我们站在一块遮隐着白色山路的巨大的悬垂岩石下面。沿途马帮叮叮当当的铃声、驮夫们步履艰难的跋涉，以及苦力们的歌声和玩笑声交织在一起，为这个场面赋予了一种伟大的生机。激流的咆哮，苦力们的山歌，铿锵的马铃，吹动着劲草的疾风，组成了一支紧张热烈的交响曲，那刚毅的群山似乎陶醉了。

陶醉的还有柏格理和埃玛：

我的佳偶，我的美人，
起来，与我同去！
因为冬天已往，
雨水止住过去了，
地上百花开放，
百鸟鸣叫的时候已经到来。②

如今，这条道路吸引着来自世界各地的旅游者。他们都梦想着有一天，能骑着马，进入普洱茶一样醇香的中国历史，观赏沿途绮丽的自然风光。

这条路就是著名的“茶马古道”。

②引自《圣经·雅歌》。

播种爱心

回到昭通，一对新人把家安在一条小巷里，从家门口，一拐弯就是传教所。埃玛真是一个好帮手！在昭通，她很快和一些妇女和孩子交上了朋友。她经常请一些当地妇女到家里来闲坐，和她们拉家常，了解她们的困难，力所能及地帮助她们。孩子们也特别喜欢她，亲切地称呼她"漂亮的洋阿姨"。埃玛发现当地妇女缺乏起码的卫生知识，特别是在夏天的时候，很多妈妈乱让孩子吃东西，让孩子喝不干净的水，许多孩子因此肚子里长了蛔虫，隔三岔五地闹肚子。她们又不懂求医问药，反倒求助于巫师，花了钱不说，许多孩子因为得不到及时医治，丢掉了性命。埃玛出钱买了许多专杀蛔虫的药分发给当地妇女，嘱咐她们定期给孩子口服。同时，她还协助丈夫编辑了一本如何保护孩子卫生的小册子，油印出来分发给需要的人。

慢慢地，当本地人遇到麻烦的时候，他们首先会想起生活在他们中间的外国传教士：

> 4月6日。埃玛步行10里去救治一位鸦片中毒的穆斯林。晚聚会之后，我则去看另一位同样的病人。
>
> 6月23日。我最近救治了11个服鸦片自杀的人。6个人死去，只救活了5位。

和刚到云南时一样，柏格理把大量的时间和精力投入到巡回传教中，尽管没有一个人表示出哪怕一丝丝希望成为基督徒的意愿来。柏格理随身携带幻灯机，那时，幻灯机在中国还是新鲜玩意。每次，只要柏格理一放映幻灯，总能吸引一大堆人。

> 1892年2月21日。昭通。下午，在传教所，当我宣讲时，除一人之外所有听众都走了。晚上，我的疟疾发作。

1892年冬，昭通发生了灾荒。柏格理和埃玛不知疲倦地到处奔走。他们由一位汉人朋友老杨陪伴，深入到灾民临时搭起的草棚中，给他们送去急需的食物和药品。

在苦难中，人们开始看出传教士所传递的爱心是多么实在。

12月15日。由于寒冷和饥饿，人们每天都在死亡线上挣扎。

12月18日。晚饭后，老杨和我带着一些包谷和几百文钱，去寻访穷人。整天都在下雪。在我们的第一个去处，房子在下雪期间已经倒塌，他们就搭了一种围绕顶棚摆放着包谷秸秆的巢穴。里面有父亲、母亲、一个儿子和一个小姑娘。除了一炉火以外，一无所有。每到夜晚，成群的狼就在周围大声嚎叫。我们给了他们一些粮食和钱。

12月20日。和老杨一起出去，救济了四个家庭，并护理了大量病人。他们都非常友好坦诚。

那一年，钟焕然才10岁，他后来回忆道：

昭通连年水灾，山地歉收，农民饥寒交迫。福音堂门前拥挤不堪，一般群众先前对洋人都歧视，现在竟视为救援他们的良友，于是把教会看做是慈善的机构了。

后来，1898年四川余成栋反对基督教的风波没有波及到昭通教会，不能不说这些平时的善行起了很大的作用。[1]

[1] 引自《中华基督教循道公会西南教区各少数民族信仰基督50年史》，钟焕然著，手抄本。

真正的朋友

不管在行为上，还是在生活中，柏格理都证明他是中国人民最真诚的朋友。在来到中国的几年里，他深深地体会到鸦片给中国人民带来的巨大灾难。他从内心深处盼望人们戒除鸦片：

(英国)国会以160票对130票通过了约瑟夫·皮斯爵士对鸦片贸易定罪的提案。

种植罂粟的许可证在印度被撤销了，鸦片销售在该国也被终止。这可谓是一个辉煌的胜利。我们为此而欢欣鼓舞。我来到祈祷室，摘下帽子，唱起赞美歌，向上帝致谢，然后跑出去，将我的帽子抛向天花板！

好时光就要轮到中国了。

柏格理虽然来自发动鸦片战争的英国，但他从来到云南的第一天起，就不断地劝人们戒除鸦片。在1899年9月8日的日记中，他写道：

在9月份，我已经印出2000多本小册子，以会造成忽略谷物的观点(译成"以种植鸦片会导致粮食减产为理由"似更合适——本书作者注)，劝告人们不要种植鸦片。大多数人高兴地接受了它们。我还向地方行政长官提出呼吁，请求他帮助。他答应了，但到目前为止还没有诉诸行动。

(后来，他颁发了布告，鼓励种植蚕豆以取代鸦片。)

只有耕耘，没有收获

与此同时，柏格理一直在苦苦思考，究竟什么是给中国人传福音的好办法：

> 在一个村寨里，有位可怜的老妇人走过来，我们与他（这里“他”应为“她”——本书作者注）进行了一番长谈。他患有气喘病，年纪60岁上下，在这个世界上举目无亲。他说他真想死了，因为在人世上没有希望。他打算准备些鸦片，并把它统统吃掉。我向他讲了耶稣和天国。看来他不甚明白。每当谈到这种程度，我大有一种困惑的感觉，好似置身于一堵巨大的城墙之外，想寻找入口却找不到。
>
> 如果任何人都需要得救的话，这个可怜、衰老的灵魂正需要一位救世主。如何开启他的心扉，对于我来说是个大难题。

靠着主，不断圣洁

柏格理不断地审查自己的内心，不断地祷告，祈求上帝给予他力量，让他做一个更圣洁的基督徒：

我恳求上帝，能使我免于他人的暗骂，永远免于说自己弟兄的坏话，也阻止我参与不重要的谈话。想起来，我们的交谈有相当多的轻浮之处。愿上帝原谅我，并使我在各方面更加纯正。

在1893年4月29日的日记中，他写道：

我感到非常压抑。这些天来，我一直对自己的精神状态无法满意。但愿从耶稣那里得到更多，他的爱和纯洁。

他在不久后的日记中说：

今天，是我的皈依纪念日。在自己看来，19年来的进步是何等之少！我捧起以往在家里时的日记，真是羞于拿自己目前的铁石心肠与我当时的怜悯之心相比较。在祈祷时，我常常发觉自己处于严重的不良状态中。在我思想的任何一处都没有文雅的席位。

愿上帝帮助我，原谅我。

十年辛苦的收获

自1883年托马斯·索恩来到昭通起，已经十年，他们的努力终于得到回应。1893年9月3日，星期天，柏格理在昭通为两名决心信仰耶稣的人举行了洗礼，昭通第一个信仰基督教并接受洗礼的是一个姓马的老太婆，以后相继加入的也是几个老妇人。①

根据《圣经》的原则，柏格理要求凡是决心信仰耶稣，并希望受洗的人，必须做到下面五件事：

1.戒除吸食鸦片；

2.戒酒、戒赌；

3.每逢礼拜日必须停止做生意；

4.不再畜养奴隶；

5.所有希望行洗礼的人必须接受为期六个月的考验。看他们的行为是否因信耶稣而发生根本的改变，以此检验他们的信仰是否纯全。

这些一般人看不起的人，在上帝的眼里却极其宝贵。两个老人家受洗后，立即开始用昭通当地的方言给人传福音。这样一来，教会就有萌芽的生机了，因这些老太婆加入教会之后，不单有她们的子女儿孙，还有她们的亲戚邻里互相往来彼此谈论，这样慢慢地就把福音的真理播撒开来。在往后三至五年的时间里，由于这些妇女的介绍，一些人渐渐加深了对外国传教士的了解，心中的排斥和怀疑，逐渐解除。经常有人来福音堂找柏格理和其他传教士谈论辩驳。在反复的辩驳中，有一些人慢慢认可了福音的真理。教会的基础逐渐厚实，来教会听道的越来越多，教会的房子经常被挤得水泄不通。

教会于是在昭通东门外集贤街租到一栋宽大的房屋，后来干脆把它买下来。这时教会工作繁重，单靠外国传教士已经忙不过来。于是柏格理鼓励中国信徒推荐他们信主的子女亲戚。张老太太推荐了她的次子张华堂，鄢母也把她的儿子鄢雨沛推荐给教会，再加上另外几个年轻人，柏格理举办了一次短期宣教培训，考试以后只有张华堂、鄢雨沛两人勉强合

①当时在中国传福音极其困难。当时发行的杂志《中国报道》里有一篇文章介绍说，1893年，在中国有1511名新教传教士，这1511名新教传教士发展了3127个中国人信仰新教，为此投入的金钱的数目是35万英镑，相当于当时整个伦敦排名前10位的医院年收入的总和。

格。

埃玛像爱自己的亲姐妹一样爱所有的女信徒，对张华堂、鄢雨沛这两个华人传教士爱如明珠。她在自己家里开办了妇女读经及女子识字夜校，还经常带着她们到附近农村，看到贫苦农民有需要帮助的，就尽力帮助，不求任何回报。每到星期日福音堂举行礼拜，不仅城内的居民参加，距城几十里外都有人赶来敬拜。

神的道从此兴旺起来。

我能告诉你们的，就是要爱中国

1894 年 12 月 3 日，离开家乡整整七年后，柏格理和埃玛带着他们一岁的孩子，回国探亲。

柏格理是个闲不住的人。在英国的两年，他先用一段时间学会了拔牙术，就是靠着这门技术，他后来帮助了无数的中国牙患病人。他还奔走英伦三岛，到处讲演。离开英国的时候，他还是一个不到 23 岁的年轻人，抱着远大的理想；七年之后，他回到家乡，带着自己的妻子和一岁的孩子。中国有句话，“三十而立”，但柏格理没有任何成就可以夸口，他只是一遍又一遍地告诉他的同胞中国云南当时的真实情况：因为贫穷，小孩被父母卖掉，乞丐到处流浪，成百上千的村寨里有成千上万的人生病得不到医治，而且从来没有人给他们讲耶稣……

他告诉听众，在云南北部，他们教会只有六个人。他们的确没有做出多大的成绩，他唯一知道的是，中国西南的人民是多么需要有更多的人去关心、去爱他们；他说托马斯·索恩等人为之献出自己生命的事业绝对不能轻易放弃。

1896 年，柏格理带了一男一女两个传教士和一名医生返回昭通。临行前，他被任命为圣经基督教教会云南教区的主教。这一年，柏格理 32 岁。

开中国新式教育风气之先

1894年，中日甲午战争爆发，中国被日本这个昔日一直谦卑的邻居打得一败涂地，举国震惊。上层知识分子，见到祖国危亡的景象，愤恨清政府的腐败无能，念及“国家兴亡，匹夫有责”的古训，群起谋挽救之策。或号召同志从事革命救亡，或上书皇帝要求变法维新，励精图治。另有人请求废除八股科举取士，兴办新式学校，造就专门人才。

柏格理刚从英国回到昭通，就立即了解中国的时事，料定中国必须靠维新才能奋发图强。他就和教会其他同工一起，大力兴办新式教育。他认识到原有的义塾不能适应现代教育，而且他还有一个理想，仿照西方男女平等的原则，建立女子学堂。柏格理说干就干，他一边把原有的义塾扩大范围改建为中西学堂，一方面另购地基建设女子学校，落成后定名为优美会女学堂。男女两校均添聘教员教授中国文学。他和妻子埃玛分担地理、算术、卫生等学科，向学生讲授西方先进科学知识。

1898年2月14日，学校开学，一所收男生，一所收女生。一开始有九个男孩和十二个女孩前来读书。

柏格理走在中国现代教育的前面，他开办的新式学堂，招收男女学生的消息让很多人震惊。

而当柏格理向学生教授科学、地理等知识时，不仅学生奇怪，连学校的几位中国老师都心存疑惑。很多学生家长只愿意自己的孩子背诵“四书五经”，现在突然听说外国人要让他们的孩子学习地理、算术等毫无用处的科目，纷纷赶到学校向柏格理抗议，许多学生退学。但柏格理毫不介意，仍然照旧给学生讲授西方科学。

又一次，柏格理和其他外国传教士以自己的好品行赢得了中国人的尊重。有一个当地人后来回忆说：“当地许多人认为，他们不愿意信奉柏格理所宣讲的信息，却信任他这个人。”

1896年，昭通庠生[①]李国钧、李国镇兄弟二人，因为生病，时常到教堂求医，他们和柏格理熟悉之后，经常坐在一起辩论。柏格理深厚的中国

①科举制度中府、州、县学的生员的别称。

古典文学功底让他们感到震惊。天长日久，他们从敬重柏格理的人品开始慢慢地相信了基督福音。受洗之后，柏格理给李国钧取教名“李约翰”，给李国镇取教名“李司提反”。

李国钧、李国镇兄弟二人是昭通知识分子信仰基督教的开始。柏格理特别优待他俩，经常给他们辅导天文、地理、英语、算术等知识。他俩不负柏格理的厚望，努力学习。同时热心帮助柏格理办理各种教会事务，更加得到柏格理的器重。李约翰天资聪明，尤其擅长中国诗词歌赋，接受新生事物的能力特别强。二李又是昭通本地人，亲戚朋友很多，他们介绍了很多亲戚朋友来信仰基督教。柏格理就委任李国钧担任中西学堂的中文主任教员，协助柏格理夫妇认真教授学生。李司提反长于交际，笃信福音，于是专门协助柏格理四处奔走传教。

眼看学校里的学生越来越多，柏格理和埃玛昼夜不停地忙碌，还时常觉得顾此失彼。于是向英国家乡去信，请求基督教圣经公会尽快派专门人员和医务人员来昭通办理教务。

1898 年，沙文医生[②]和从英国教师学校毕业的女教员苏茂才姐妹二人，由英国启程来华。沙文医生一边巡回医病，一边开始设计建造昭通福滇医院。

②昭通人民亲切地称呼他为“林树德”医生。

天足会与妇女解放

埃玛看到中国妇女缠足的痛苦，深感怜悯，常劝教会信徒要带头把自己女儿的脚解放。当时社会的习俗，娶妻的时候必须首先问脚的大小。大脚的女孩很难嫁得出去。开始信徒们不敢听从，埃玛和柏格理反复地劝说他们。他们还想尽办法解除信徒的后顾之忧，为此专门请信徒开会讨论，畅所欲言。由教会团体提倡天足，设立天足会，积极做社会群众的模范。信徒的工作好不容易做通了，但他们的父母都有顾虑。于是天足会章程又规定，信徒和信徒双亲，男女双方都可以加入天足会，加入天足会的男青年不允许娶缠脚的女子为妻，这样一来逐步克服了这种困难。

开始的时候，天足会遭遇了社会上许多的讥笑和讽刺，很多孩子在街上专看那些有着一双大脚的姑娘，跟着她们发笑并辱骂。还有人投书官府告状，造谣说洋鬼子这样做是要变汉为夷。

柏格理对信徒们说："不要管别人怎么说，只要相信我们自己做得对就行了。只要我们信徒实行天足，做好模范，使群众见惯，就可能使他们逐渐变化起来。"柏格理还恳请地方官吏，出示布告，说明缠足的危害，劝告人民不要让孩子缠足。

他们真心地爱学校里的每一个孩子，希望孩子们的身心都能自由自在地成长。下面我们还是让柏格理告诉我们一个生命得到改变的动人故事：

> 一位少女蜷缩在黑黢黢的阁楼上的一个小角落里，浑身颤抖着，像一片疾风中的白杨叶。距阁楼不远的房间内有一位暴戾愤怒的妇人，手里还提着一根粗棍子。她气喘吁吁，目露凶光，正是躲在阁楼上那个女孩的母亲。她说找到女儿后，就要把她活活打死。
>
> 在位于遥远的中国西南部的昭通府城外，坐落着一座被称为"三官庙"的小寺庙，庙宇周围散布着不少院落，其中大多数居民都姓李。这些居民中有几户已经开始信奉基督教。其中有三位无畏的年轻姑娘，经过与亲戚们的长时间斗争后，最终征得同意，进入教会

学校。在我们的故事发生的那些日子里，她们一直勇敢地捍卫着耶稣。起初，在刚入学的那些日子里，当她们穿过街道时，总要被人嘲笑，关于她们的传言有时还十分粗鲁、难听。不止一次地石块会从城墙上飞下，掷向走在城墙下的姑娘们。石头攻击的目标往往是年轻的基督徒的脚，也就是本地人说三道四、愤愤不平的焦点。……

（当这三个女孩开始）信奉基督之后，觉得自己有必要从可恶的旧习俗中摆脱出来，让双脚自然地发育成长。三个女孩上学时就穿着可以让双脚继续生长的鞋，也正因为如此，才招来许多人的讥笑和怒骂。……

有一位澳大利亚女传教士布什小姐，也就是现在的C.E.希克斯夫人，经常到三个女孩家中去教她们学习《圣经》。后来她发现在每次上课时，总会有另外一名小姑娘在旁边听讲。刚开始的时候，她有点怕羞，比较矜持，而且也不会认字。她的一双小脚嵌在一双很小的鞋里，简直就是在用脚后跟走路，像踩着一副高跷。小女孩名叫存妹，意思就是“即来之，则留之”……她是那三位姑娘的表妹。……

在平静地度过一段日子后，小表妹学到了许多关于基督教的知识。直到有一天，她知道自己也将成为一名耶稣的追随者，且心如磐石，至诚不渝。

自此以后，事态很快就变得越来越糟，甚至曾一度发展到用死来要挟的地步，还差点闹出人命来。

“小存妹儿”的父母都不信教。她父亲是一个大烟鬼，家境贫寒。他把所有的钱都用在吸食鸦片上。她母亲是一个勤劳的妇女，只是有些愚昧，从某种程度上来说，她很爱自己的孩子，但是对基督教却一无所知，并且，在对待偏离了祖先传下的习俗的女孩子时，又毫无怜悯之心。……

在中国，父母往往把女儿早早地许配人家。……

“小存妹儿”的父母已经为她找人家了。男方的家距离城镇很近，双方在交涉时，她无法插手，也不了解事情的进展情况。然而，在还未达成最后协议之前，她已经清楚地知道自己的命运：被迫嫁给一个异教徒。如果任事态继续发展下去的话，她将再也没有机会聆听基督的教诲，也不再拥有作为一名基督徒的资格，可怜的孩子！竟然毫无办法。

作为一个中国人，“小存妹儿”必须服从父母的安排；而作为一名虔诚的基督徒，她又希望不再缠足。要嫁，也要嫁给一个基督徒。……

吸大烟的父亲和勤劳愚昧的母亲最终和谈判的另一方达成双方都盼望已久的协议：女方家长可以得到理想中的那笔钱，而交换条件则是他们的女儿。

事态终于激化。一天，女孩鼓起勇气告诉母亲：她是一名基督徒，不能同异教的男子结婚。做母亲的开始并不相信这些话，还是一味地继续商谈，仿佛此事和女儿没有关系。于是，不顾一切地，“小存妹儿”决心做一番最后的挣扎，她跟母亲讲道：“我决不和那个异教徒结婚，只要我还活着，他就别想得到我。如果你乐意，你可以把我的尸体给他。但是，只要我还有一口气在，就绝不会嫁给他。”回应女儿抗争的是母亲的恐吓，不过这些威胁无济于事，我们勇敢的女主人公并没有被吓到。……

（“小存妹儿”的）母亲再也无法忍受这一现实，她的愤怒像火山爆发一样喷射出来。……

邻居都赶来了，竭力劝说，试图使她平静下来，然而他们的好心干预却让那位母亲变得更加疯狂。……（她）抓起一根长木棍，冲到女儿面前，手中的武器重重地落在女儿的肩上。“小存妹儿”不能留在家里了，像一只惊慌失措的小兔，向不远处的三位表姐家中奔去。她浑身颤抖着、心中充满恐惧，但是又顽强不屈，不幸的女孩跑进一间屋子，顺着梯子爬到黑暗的阁楼里藏起来。祈祷着救星的到来。

母亲愤怒地高声诅咒着，四处搜寻逃跑的女儿。

正当事情闹得不可收拾的时候，有人跑到我妻子那里，请她马上去救人。半分钟也不敢犹豫，柏格理夫人冲出大门，在极短的时间赶到（现场）。

英国女士柔和、坚定地同愤怒的母亲谈话。在战斗中，能保持冷静的一方往往会占据很大优势。那位母亲的唯一反应就是："我要杀了她"，"她不是我的女儿"，"对于我来说，她早就死了"。传教士（埃玛）让孩子的母亲尽情地叫喊，直到精疲力竭为止，然后用一种缓和、宁静的语调对她说："不要杀掉这个孩子，如果你不想要她，就让我要她吧，把她给我吧，我来照顾她。"怒气未消的妇人没有答复，抽大烟的父亲丢下使人堕落的鸦片，来到现场，却什么忙都帮不上。

在英国女士苦口婆心的劝导下，事态开始慢慢地有了转机。女孩的父母终于答应下英国女士的一再要求："不要杀掉小姑娘，把她给我吧。"从那时起，"小存妹儿"被驱逐出家门……

在父亲的诅咒与母亲的仇视下，"小存妹儿" 来到我们家中，同我们一道生活了好几年。

……

"小存妹儿"的家中还有一位小妹妹，她的名字也很特别："小九九"。

（有一年）"小九九"染上伤寒，病情沉重，快要不行了。几个礼拜以来，她一直在死神面前苦苦挣扎着，使她的父母焦虑万分、悲痛异常。"小存妹儿"借此机会，每天晚上都回家去照看妹妹，从不间断，终于又赢回了父母的欢心。当"小九九"的病情稍有好转后，她也来到我们家中，这样我们可以在康复期内仔细地照顾她。如果有可能的话，还要让她变得更健康一些。不久以后，她也成为一名基督徒，她请求父母允许她解开缠脚布去上学。此时，已经变得较为明智的父母没有再次阻拦。在学校里，"小九九"就坐在距离姐姐不远的地方，而她姐姐现在已经长成一位名副其实的大姑娘了。

终于有一天，我们也无法将"小存妹儿"永久地存留住。她的勇敢行为至少也曾经打动过一颗心，当听说有一位本地的布道员（指钟焕然——本书作者注)热切地向这位为了耶稣而死里逃生的姑娘表达爱慕之情时,我们丝毫不感到奇怪。在父母的赞同与支持下,两人订婚了,年轻的小伙子很快就讨得了岳父的欢心。

我希望他俩能够白头偕老、美满幸福。①

1915年,柏格理写下《营救勇敢的姑娘》这个故事的时候,钟焕然和"小存妹儿"已经有一个可爱的女儿,他们一家生活得无比幸福。写作的闲暇,柏格理经常把她举过头顶。他欣慰地想,中国已经开始废除妇女缠脚的陋习,这个小宝宝肯定永远也体会不到她母亲当年缠脚时所遭受过的痛苦与折磨了。

①引自《在未知的中国》,第45页。

上帝是我们的避难所

柏格理和埃玛结婚之后的十年是他一生中相对风平静浪的时期。在他们和教会其他同工的共同努力下，事业一点一点地有了起色。他爱中国，在中国他遇到自己最心爱的妻子，也从一个涉世不深的青年成长为两个可爱孩子的父亲；他的家庭和美、幸福，广受尊敬。

这一时期也是中国最风云动荡的时期。1894 年的中日甲午战争、1898 年的戊戌变法和义和团运动，整个中国处在激烈的变革之中。

虽然住在中国西南边陲，生活相对平静，但也不乏刀光剑影。

1894 年柏格理幸运地躲过一次暗杀。一天夜里，暗杀他的人潜入教堂，把一个汉人基督徒当成柏格理连刺几刀。教友身负重伤，而柏格理毫发未损。

柏格理把艰难当饭吃，把困苦当水喝。他学会更加紧紧地依靠上帝。他经常读《圣经》，唱赞美诗：

> 主是我们的避难所，
> 是我们患难中唯一的依靠。

面对死神的威胁，柏格理显示出基督的沉着和勇气。他照常到周边荒芜的乡村进行巡回布道，晚上经常住进路边简陋的茅棚里。他的勇气和无畏激励着团队的其他成员。

昭通教会好像柏格理和教会其他同工精心培育的花园，在缓慢而稳定地成长。他们在汉人中发展了大约 30 个基督徒，培养出李约翰、李司提反、钟焕然、夏士元、鄢雨沛等优秀的汉族传教士。

1898 年，义和团运动爆发，英国领事馆急电催促柏格理撤离昭通。1900 年 1 月 16 日，柏格理启程前，专门给一位在危难时刻选择跟随主的慕道友施行入会典礼。在典礼上，李约翰做了“上帝是我们的避难所”的专题讲道。那时，钟焕然 17 岁，他亲自参加过这次受洗大会，心里极其感动。1 月 17 日，柏格理一家人由李司提反陪同，先到昆明，经云南蒙自离境，暂住上海。他们走后，昭通教会暂由李约翰负责。

1901年3月,柏格理夫妇回到昭通。昭通人民倾城出动,赶到几里外,敲锣打鼓欢迎他们的归来。

面对荣誉,柏格理保持头脑清醒。他认真回顾了在中国这些年经历的事情,再一次从心里认准他来中国的目标。他在日记中写道:

> 我们来中国,是因为我们相信,乃上帝派我们来让这些人了解基督福音。我们在这里不是政治代言人,不是探险家,不是西方文明的前哨站。我们在这里是要让他们皈依,而我们的成功将要由我们规劝他们接受基督的程度来衡量。

1902年,昭通福滇医院成立,这是乌蒙山区历史上第一所西式医院。医院有一幢约500平方米的房子。医院里最忙的是"妇产科"。方圆几百里,妇女生孩子遇到难产,都赶到福滇医院动手术。不久,福滇医院应群众要求,开始在整个昭通地区推广新式接生法。

来自凉山的诱惑

柏格理并不满足于现状，他自己说他喜欢所有不同寻常的事物。他是一位从不忘记冲锋的战士。昭通周围有许多少数民族，他越来越多地把注意力转向中国的少数民族。

早在 1891 年，柏格理就和当地的彝族人民有了接触：

> 2 月 3 日。晚上，罗罗人来了。我送给他们一些关于耶稣基督身世的图片，而他们又给我讲了很好的一课。他们想邀请我去他们那里，在世代不和的村寨间充当调解人。如果这种方式行得通，我是会前往的。

柏格理提到的"罗罗人"就是彝族同胞。

彝族起源于中国西北，渊源于古氐羌人。远远早于公元前 4000 年，可能在黄帝、炎帝、蚩尤从西北方迁徙到黄河中游建立基业之前很久，他们就在开拓中国大地了。相传彝族的祖先叫笃慕俄（汉文书籍称为仲牟由或祝明），远在尧时中国大洪水的时候就来到昭通洛泽河一带。那时整个四川盆地一片汪洋，昭通反倒是美丽的海滨胜地。笃慕俄有六个儿子，分支后形成武、乍、糯、恒、布、默六支。武、乍二系向西扩张，到了云南滇池一带；糯、恒二系渡过丽水（金沙江），北上凉山；布、默二支向东进入贵州西北部乌蒙山区。

彝族人崇拜火。他们的生活离不开火。他们的性格也像烈火一样暴烈。他们生起气来，连神灵都要惧怕三分。这可以从有关"火把节"的一个传说中得到印证：天神恩梯古兹派喽啰到凡间收苛捐杂税，被彝族人杀了。天神放出害虫到凡间来报复，而凡间的人毫不妥协，相邀在农历六月二十四日这天，用火把把害虫全部烧死，战胜了天神。

从昭通北行 80 公里，西行 60 公里，渡过金沙江就进入彝族的聚居地凉山。由于中国历代王朝对少数民族采取歧视政策，因此那一地区民族矛盾相当突出。凉山的彝族人会猝不及防地突然渡过金沙江，袭击南岸的汉族村寨。他们骑着战马，行动神速，杀人放火，抓人过江当奴隶，抢走牲畜烧杀抢劫，然后扬长而去，返回金沙江北面。

当地汉人称凉山为“荒蛮之地”，轻蔑地称呼凉山的彝人为罗罗、蛮子。那时，还没有一个外国人敢冒险进入凉山。想冒险进入一块被各种记载描绘成盛行残杀的土地，真需要相当的勇气与胆量。

这样的地方，无疑对柏格理有一种奇异的吸引力。

一次，柏格理登上昭通西边海拔3000米的凉风台。在那里他放眼望去，夕阳西下，红云满天，金沙江两岸星罗棋布着数不清的白色的碉楼。而金沙江像一根黄色的丝带，在群山中间静静地流淌。江对面，凉山屹立在那里，好似一个刚出浴的少女。柏格理听到过那里的人说凉山的月亮特别大、特别圆。每当夜色降临，美丽的安宁河在月光下安静地流淌。柏格理不相信居住在如此美丽土地上的人民会真像人们说的那样野蛮。他在日记中写道：

> 对于汉族人来说，凉山是一片令他们感到非常可怕的土地，然而对于我来说，这片所谓令人可怕的土地却恰似我长期希望求索的一个仙境。

1903年，和几个汉族传教员一起，柏格理三次沿着金沙江旅行布道，同时考察沿江的风土人情：

> 我们沿着金沙江行进，正好可以眺望江对面凉山的情景。我们能够看到那边的几座碉楼。四天来，在凉山那边一直进行着一场部族间的战争；从这边可以听到清晰的枪炮声。有几座碉楼被烧毁了……

这时，他们昭通教会学校已经招收了100多个男女学生。柏格理在昭通的名气也越来越大。一天，一位名叫龙涌泉的彝族学生家长慕名来访。他自我介绍说他的两个孩子都在教会读书，他的妻子经常来教会探望孩子，教会的苏茂才姊妹每一次都热情地接待她，后来他妻子跟着苏姊妹信了基督教。他告诉柏格理，最近凉山几个家族之间因为血亲仇杀，战争一触即发。有一位彝族土司听人说起柏格理神通广大，并且为人公正，和这次纠纷的各方都没有利害关系。因此委托龙先生邀请柏格理去趟凉山，帮助化解他们之间持续不断的家族间战争。

上帝回应了柏格理长期的祷告，他立即像狼一样咬住了这个机会。

※ 1902 年修建的教堂，原址在今天的昭通集贤街昭通教会

※ 柏格理和昭通教会同工在一起（上图）
※ 昭通教会信徒在做礼拜（下图）

第四章 强渡金沙江

不屈不挠的彝族妈妈

1903年的四川凉山，这个流淌着美丽的安宁河的地方，在彝族封建土司的统治下成为不折不扣的人间地狱。封建土司对农民实行残酷剥削和压迫。同时，几十个土司之间因为仇杀和争夺地盘，经常发生冲突和战争。

这一年阴历七月，几个土司率领几百人，突然侵入哲土司的地盘，烧杀抢掠，打死了三个奴隶，掳走一些人和牲畜，烧了几间房屋。血债要用血来还，否则就不能算作彝族男人。哲土司的手下纷纷要求报仇雪恨。对于彝族男人来说，拿起枪来报仇雪恨是他们最向往的事。一场战争在所难免。

哲土司和居住在昭通炎山的彝族土司龙涌泉是亲戚。他经常听龙涌泉钦佩地提到柏格理的名字。有一次，他半带嘲讽地问龙涌泉：你一个彝族男人，甘愿追随这个外国人，是因为害怕，还是有其他原因？

龙先生回答说："我之所以追随这个外国人，乃因为他是一位可以无处不在，甚至能够上天的打不死的奇异人物。"

作为一个有着丰富斗争经验的彝族老人，哲土司一方面希望打败敌人，保住自己的脸面；另一方面，又不愿意流太多的血。这时他想到了柏格理，他深信通过相应的安排部署，柏格理能够帮助他兵不血刃地赢得胜利。

于是，他派人送信给龙涌泉，希望他尽可能邀请柏格理前来凉山。

龙涌泉是那个时代昭通彝族家喻户晓的传奇人物。他的家位于今天的昭通市炎山乡，从昭通西行约 80 公里，他的寨子就建在炎山面向金沙江一边的斜坡上。

龙涌泉的妈妈是一位勇敢的彝族妇女。龙涌泉刚出生，他的父亲就过世了。他刚满两岁时，一个苏姓土司欺负这对孤儿寡母，企图强行霸占他家的土地和财产。龙妈妈冷静地面对这一切。她委托一个忠实的家人，把儿子送过金沙江，寄养在凉山亲戚那里。儿子安全了，年轻的妈妈勇敢地投入战斗。一次又一次，苏姓土司带领他的人马向她的寨子发动猛烈的攻击。有两次，敌人已经攻破了寨子的外墙，还有一次，敌人甚至冲到了碉楼门口，防守的侍卫害怕了，扔下武器开始逃跑。关键时刻，龙妈妈，这位不屈不挠的彝家女人，顺手从地上抓起一支枪，装满火药，猛扣扳机，散弹击中了好几个敌人。这个不要命的女人只用一枪就灭掉了对手的气焰，重新鼓起自己人的勇气。敌人仓皇逃走。

后来，龙妈妈为了维护儿子的产业，又勇敢地走上法庭，打赢了官司。她终于实现了自己的目标：在她去世时，将产业完整无缺地交给自己的儿子。

妈妈的性格对孩子的性格有着巨大的影响。彝族妇女的坚韧、顽强、不屈不挠是中华民族的宝贵财富。

不管是龙先生，还是柏格理都不知道此行能给哲土司带来什么实际的帮助。但柏格理下定决心要过江去探个究竟。

金沙水拍

为了到凉山之后和彝族朋友处好关系，柏格理雇了一个懂汉语的彝族人常住家里帮他恶补彝语，同时花时间了解彝族文字和风俗习惯，学习他们的文化礼节。

听到他要去凉山的消息，许多教会同工都竭力劝阻他。昭通一位很受人尊敬的学者专门赶来劝阻："彝族野蛮，原属化外，不受清政府统治，一旦发生危险无法挽救，你千万不可逞强冒险。"

柏格理回答说："老先生，彝族原来的叛变，多是由于汉族的贪官污吏用苛刻剥削的手段激成的。如果用爱护体恤的政策来对待他们，帮助他们，必能感化他们，使他们心悦诚服地归化。诸葛亮南征时的宽大政策，现在已过去 1500 多年，西南人还怀念他。我打算学习李文斯顿在非洲和当地土人相处的方式，把基督的博爱精神真真实实地表现出来，必能感化他们。不论任何凶暴顽固的人，都有他们的良心存在。"

他也对教会同工推心置腹地解释他的动机："我来中国时有一个愿望，就是学习李文斯顿，引领成千上万的人皈依基督。不料来到中国已近 20 年的时间，距离目标还远得很。因为汉族人受儒释道浸染久了，很难转变。我当初在昆明传教的时候，曾经错失了一个机会。那时有一个少数民族红彝[①]派人邀请我去他们那里传教，我怀疑他们动机不纯，就没有重视他们。后来他们去信天主教了，就是现在路南泸西一带的彝族。我很后悔不该拒绝他们。现在要不是上帝又为我开了凉山彝族布道的门，我就永无达到目的的希望了。所以我决心冒万险，牺牲生命，在所不辞。"

1903 年 11 月 23 日，柏格理一行来到金沙江的一个渡口——新厂沟。一个彝族妇人告诉他们一个可怕的消息：她的一个亲戚专门从金沙江北岸过来，让她转告柏格理，凉山有些彝族人已做好准备，只要外国人敢踏入凉山一步，就立即杀死他。

坏消息接踵而至。在柏格理一行来到新厂沟之前，清政府负责金沙江防务的官员从他的驻地四川米易来到这里。他从新厂沟田保长那里获

①红彝是彝族的一个分支。

悉有个外国人正企图进入凉山地区，就命令田保长不惜任何代价，务必阻止这个外国人过江。

田保长使出浑身解数，命令船夫和当地有名望的人劝告柏格理，凉山的蛮子是多么喜怒无常，此行有多么危险。柏格理不为所动。最后，田保长亲自出马，但柏格理明确地告诉他，无论如何，他明天早上都要过江。

田保长碰了一鼻子灰，恼羞成怒。回到住处，和他的部下商量对策。有个人建议干脆将渡船凿坏。但这个办法的缺点是会中断第二天的营运。另一个人说要不弄断船底部的几块木板，让船沉入水中，田保长不同意。最后，他说出了自己的计划：船夫按计划送这个可恶的洋鬼子过江，等到了金沙江中心的漩涡那里，船夫突然假装失足落水，游回岸上。而小船必将带着讨厌的洋人冲进漩涡……

柏格理知道他面临着危险，但怎么也想不到他的对手会这样穷凶极恶。后来，他在《未知的中国》里写道：

> 我们采取了以往面临各种困难时经常使用的老办法，就是在他们对面睡大觉。当你对敌人的各种反对手法采取如此的冷漠态度，即把他们丢在一边去安然歇息，将会使你的对立方感到摸不着头脑。我们把舞台让给他们，让他们随意表演，同时令他们明确地感觉到，不管他们怎么做，明天早上我们还要在这个舞台上和他们继续较量。虽然那时我们并不知道有多少拼死的敌人需要我们去对付，但是我们的信心是不可置疑的。[②]

阴谋家忙着去策划阴谋，柏格理祷告后，在惊涛拍岸的金沙江边坦然安歇。

②引自《在未知的中国》，第209页。

阴谋家遇到了难题

1903年11月24日，柏格理天不亮就起来，吃早饭，准备过江。田保长决心让这个洋鬼子从地球上消失。但这时，他发现自己遇到了一个难题。

读者有必要了解那时中国的一些社会现状：整个中国干柴遍地，长江一线活跃着哥老会袍哥组织。事情的复杂之处在于田保长既是清朝的地方官员，又是哥老会一个分舵的舵主。

柏格理一行人中，有一位刚满19岁的年轻人，名叫龙绍舟，是龙涌泉先生的表弟。他虽然生得极不起眼，个头矮小，又瘦又黑，三句话问不出个屁来，但却是哥老会另一个分舵的舵主。田保长可以借口船只失事，置这个既给他带来麻烦，又让他没面子的外国佬于死地，但如果同船的龙绍舟出事，他一定会遭到龙的兄弟们的残酷报复。

当柏格理一行做过江的准备时，田保长走近龙绍舟，和他勾肩搭背地套近乎："兄弟，你们有20个人和一头小牛，人太多了。这样过江怕有危险。老哥我怎能让你一个小兄弟冒险呢？要不这样，你们分成两批，让那个洋鬼子先过去，老哥给你再调一只好点的船。"

龙绍舟不听他那一套，田保长只好打消他的如意算盘。

柏格理刚上船，田保长立即着手两件事：一是给金沙江防务官发出一份加急电报，报告说可恶的外国人已经强行夺取渡船，并用武力迫使船夫送他过了江；二是挑选几名信使迅速过江，赶在外国佬前面，劝说凉山暴烈的彝族土司，杀掉这个胆敢冒犯他们土地的外国人。

19岁的龙绍舟就这样不经意间救了柏格理的命。这从一个方面说明了团队的重要性。柏格理无疑具有冒险家的气质，但他也是一个凡事精心谋划准备的人。过了几年，龙绍舟把一批用来制作棺材的木头顺着金沙江贩运到云南水富，卖了300两银子。用这些钱，他拜那一带赫赫有名的汉人拳师张得胜为师，苦练武功。1911年辛亥革命之后，他进入云南讲武堂读书。1914年，他因打败法国拳师而蜚声中国。

这个19岁的彝族少年在中国现代史上赫赫有名，他就是云南王龙云。

我们是一家人

船靠岸，柏格理一踏上他渴慕已久的凉山土地，做的第一件事就是脱下帽子，向全能的上帝表示感谢：“全能的主啊！我要向您献上感恩和赞美。您顾念您仆人的心思意念，让我平安地踏上凉山的土地。主啊，我祈求您伸出您大能的手，赐福于这片土地上的人民！求您拯救他们的灵魂，化解他们的代代冤仇，让他们晓得彼此都是弟兄姊妹，让他们不再相互仇恨，而是彼此相爱。”

“主耶稣，我知道是您派我来这些人中间。求您赐给我，您的仆人智慧、勇气和力量，让我在这些人中做您美好的见证。愿在您大能的保佑下，凉山从此成为没有硝烟的和平之地。”

柏格理一行逆金沙江走了几里路后转而向右，沿着一条清澈的溪流前行。溪水银光闪烁，叮咚有声。但是脚下的道路却十分难走，他们必须小心翼翼地把脚踩入岩石表面凿成的一个个浅浅的脚窝。在一个地方，一根圆木搭在河的两岸，当他们一个个手脚并用爬过去时，一个成员扑通一声掉入河中。

不久，他们遇到一个彝族土司的佃户。那人告诉他们一个惊人的消息：新厂沟田保长派来的奸细已成功地说服这里的彝族土司，一个名叫惹黑的首领正带着一大帮人向这里赶来，要杀掉柏格理。

气氛一下子紧张起来。前有强敌，后有大江，怎么办？略一犹豫，柏格理决定继续前进！

他们在一个山谷里和惹黑的队伍不期而遇。柏格理站在队伍的前面，龙先生走上前去和惹黑打招呼。惹黑向着柏格理走过来，他的脸上露出惊奇的神色。突然，没有任何预兆，惹黑开始放声大笑。

惹黑足足笑了一刻钟，笑得腰都直不起来。最后，他指着柏格理，对龙先生说：“黑熊！简直是黑人熊！幸好是在这里碰见。若是在森林里，我肯定会把他当成一头熊，毫不犹豫地扣动扳机。”

所有跟随惹黑的彝族人都用手指着柏格理，笑得死去活来。柏格理看看自己，一下子明白过来，也忍不住放声大笑。原来临来凉山行前，柏格理听说彝族人特别仇恨汉人，决定脱下一来到中国就一直穿在身上的中国衣服，换上在箱底压了十几年的黑色西装。

这场突如其来的大笑足足持续了半个小时。笑够了，惹黑问柏格理："柏，我们听说你的夫人不像汉族女人裹着小脚，而是生着一双大脚。是不是？"

"不错！"柏格理用刚学的彝语回答，开怀大笑。

"柏，我还听说她不穿汉人那样的长裤，经常穿着一件长裙？"

"对的对的，完全正确。"

惹黑爽朗的笑声又开始回荡在山野。笑完了，他告诉柏格理，汉人传话过来让他们杀了柏格理，为此将付给他们一笔好处。但彝族人从来就不会相信汉人的鬼话。他们从来没有见过洋人，因此打算看见了再做决定。这时见到柏格理，看到他这样奇怪的样子，还会说彝族的语言，一下子倍感亲切。

他立刻得出结论，柏格理肯定不是汉人，因此一定是彝族。一个长着大脚又穿长裙的女人的男人不是彝族还能是哪个？

所有的人都得出结论：柏格理是他们民族失散在其他地方的兄弟。柏格理过江来的目的是为了看望他的兄弟们生活得如何，并给他们带来神奇的消息。这个好消息已经改变了柏格理生长的那个地方的面貌，使人们梦想的那一天成为可能。到了那一天，所有人都将成为兄弟。从此没有战争、没有流血、没有压迫、没有眼泪……

既然是一家人，惹黑马上给柏格理取了一个彝族名字——罗洪胛胛，意思是罗洪家族的成员。终其一生，彝族人都亲切地称柏格理为他们的罗洪胛胛。

紧接着，惹黑招待自己的亲人柏格理吃了一顿丰盛的午餐。午餐过后，柏格理开始虚心地向惹黑学习彝语单词。当柏格理试着和惹黑用刚学来的彝话交流，说错几个单词的时候，旁边的彝族人马上会爽朗地大笑，柏格理也跟着大声笑起来。笑完之后，柏格理总会找出那个笑得最大声的人，请求他说一两个英语单词。

柏格理还试着将一首赞美诗翻译成彝话。这样，当他们穿过一条欢腾的河流时，大家用彝语唱起一首优美的赞美歌：

在耶稣里，我们是一家人，
在耶稣里，我们是一家人，
在耶稣里，我们是一家人，
从今时一直到永远。
在耶稣里，我们是一家人……

欢乐的海洋

傍晚时分开始下雪，柏格理一行冒着飘向山川田野的片片雪花，来到一个彝族村寨。

主人用彝族的最高规格接待柏格理一行。穿过院子，柏格理进入客厅。屋子的一边有一个相当大的石砌火塘，锅台上放着一个直径超过60厘米的铁制三角架。三角架上摆了一口大锅，火塘里的木材噼啪作响，烧得正旺。

走了一天，柏格理真的有些饿了。他四处看了看，心里想，晚饭在哪里呢？这时，几个汉子从门外进来，牵着一只洁白肥胖的山羊。柏格理后来回忆说：

> 它就是晚餐。活生生且十分不情愿地来到房子的中央，朝着放置铁三脚架的火塘。当你的晚餐迈动它自己的脚向你走来的时候，真是一种奇异的感觉……①

柏格理终于享受到了难得的美味。饱餐一顿之后，柏格理拿出他的宝贝，两个装有发条的木偶。一个是小提琴手，另一个是穿着铠甲的中国古代武士。武士一手握剑，一手持矛。当柏格理上足发条，让木偶在一个盘子里转来转去的时候，所有的人都显出无比惊讶和激动的神情。

晚上11点，人们的热情越来越高涨。于是柏格理拿出他的用石蜡做动力的幻灯机。他首先用图片给大家讲述主耶稣降世救人的故事，人们被深深地打动了，听得入了迷。接着，柏格理给大伙看了几张他的家乡康沃尔的风光照片，这些幸运的人们在20世纪初就看到了《蝴蝶梦》里美丽的海边渔村！后来，柏格理让人们观赏上海、武汉、重庆的街景，告诉他们，这些都是在他们不远处流过的金沙江将要经过的地方。最后，柏格理向大伙介绍自己的家庭，给他们看埃玛和两个孩子的照片。在放映他的妻子埃玛妹妹的照片时，欢乐的气氛达到高潮。这个美丽、端庄的英国女孩一下子就俘获了一个彝族英俊小伙儿的心。他勇敢地站起来走到龙先生跟前，请求他问问柏格理，是否愿意将他的小姨子嫁给他做妻子。他保证一辈子让她幸福。

屋子外面的雪下得正紧，屋子里面却已成为欢乐的海洋。

①引自《在未知的中国》，第233页。

就这样化解危机

那天晚上雪下了整整一夜。不时有片片雪花穿过木板房的缝隙落到柏格理睡的地铺上。他把所有能盖的东西都堆在自己身上，全身蜷缩在一起，还是冻醒了好几回。

第二天早上他们不到6点就起身，摸黑向山上爬行。走了大约10公里，一片仙境般的景色展现在他们面前。雾凇和刚下的雪把山林装扮得分外妩媚，每一片树和蕨类的叶子上都覆盖着银装。柏格理小心翼翼地把冰盖从一片树叶上取下，发现树叶所有的叶脉和轮廓特征被完好无缺地复制下来。杜鹃树的枝头全部长出了新芽，新生的雪绒花漫山遍野，结冰的小花就像这片优雅草地上的点点繁星。处处可见冬青树的浆果……

走到山顶，天空放晴，阳光照耀着整个山野。柏格理向西望去，美丽的雪山让柏格理浮想联翩。他默默地向上帝祈祷，祈求全能的上帝许可他有一天到世界上最高的地方传播福音。

沿途风景优美，脚下的路却异常难走，很多地方根本就没有路。柏格理只能手脚并用地摸索着前行。这一整天他们都在上山、下山。傍晚时分，柏格理终于抵达他这次凉山之行的目的地——哲土司的宅院。这时，柏格理全身脏得像泥猴一样，又饿又乏，只想躺下来睡一觉。

走进哲土司的房间，柏格理看到一个长着高鼻子、留着花白胡子、身板硬朗的老人端坐在火塘边。他目不转睛地看着柏格理走进屋子，坐在那里纹丝不动。

柏格里走到火塘边和哲土司握手问好。接着坐下来，把早已冻僵的手脚凑近温暖诱人的火塘。

龙先生和哲土司坐在那里，把柏格理晾在一边，不慌不忙地用彝语拉家常，时不时爆发出一阵阵爽朗的笑声。

柏格理没有忘记自己此行的目的。趁两人闲聊的空隙，柏格理问龙先生：

“龙，我能为你和哲做些什么呢?”

龙涌泉和哲土司相视大笑：

“柏，你能来这里，就是对哲和我最大的帮助，你一个人赛过一个团的精兵。”

“怎么会？”

哲土司狡黠地笑了：“柏，你没有听说过我们彝族人对你的传说吗？所有的彝族人都相信你这个外国人拥有一种神药。如果有人有幸拥有这种神药，在和敌人战斗时，他只要把药撒向天空，就会使敌人的力气全部消失，从而轻松地打败对手。除此之外，我们彝族人还相信你随身带来的望远镜和照相机在战场上可以当成机关枪使用，威力巨大无比。”

柏格理哈哈大笑：“是这样吗？我的确也听人说过。不过事实是，我并不具备人们所说的这种神奇力量。”

听了柏格理的话，老人显得有些失望。但那只是一刹那的事。他神秘莫测地对柏格理说：“柏，你有没有这种力量并不重要，重要的是我的敌人认为你有。对我来说，幸运的是，你到我家里做客，就明确地告诉我的对手，你是我的盟友，必然会站在我这一边。”

老人得意地转过身命令手下，立即传话给敌方，外国人已经给他们带来了大量的神药，如果对方不向他们赔礼道歉，并赔偿他们所受的一切损失，哲土司就要让他们领教一下外国人已送给他的新式武器的滋味。

看到柏格理还在疑惑，老人笑着拍了拍他的肩膀：“柏，谢谢你来我这里做客。很遗憾你不喝酒，否则我真想和你一醉方休。相信我，战争已经结束。”

柏格理感觉自己仿佛在梦中。他走出屋子，抬头望去，月亮像一个巨大的圆盘，美丽夜空中密密麻麻的繁星闪烁着，在距离地面不远的空中活泼地跳舞。

夜凉如水。所有人都跟着站起来，走到院子里。柏格理看见远处白雪皑皑的群山，在皎洁月光的映照下，静谧动人。

小伙子们乘兴开始摔跤比赛，每个参赛的选手都必须在腰间缠一根腰带。两个选手躬身向下，抓住对方的腰带，想方设法直到把对手彻底摔倒。有人在院子里燃起一大堆篝火。十几个彝族少女身穿节日的盛装，围着篝火翩翩起舞。一个英俊的彝族小伙，一边跳舞，一边唱起一首动人的彝族情歌：

啊，谁会自由自在地跑下山岗，
啊，谁会和我同骑在一匹马上，
啊，谁会对我紧紧跟随，
啊，难道不应该去赢得芳龄的新娘？[1]

①引自《在未知的中国》，第269页。

学习耶稣,不做世上的王

第二天早上,哲土司向柏格理提出一个经他深思熟虑的方案。他态度非常诚恳,邀请柏格理做他们家族和与他们友好的阿脂、惹勒和惹黑四个家族的首领。他说,只要柏格理同意,这四个家族的所有成员都会跟着信仰基督教,并完全听从柏格理的指挥。

柏格理深切地感受到这个建议给他带来的诱惑。他马上就要到40岁了,按照中国人的说法是到了不惑之年。他背井离乡来中国将近20年,和他的同工每天努力地工作,至今才只有大约30个人信主。取得的成功和付出的努力相比,简直微不足道。他想着这也许是上帝的安排。他经常向上帝祷告,要为一个民族传福音,如今主把这样的机会摆在了他的面前。

柏格理生性喜欢冒险,喜欢与众不同。他一想到自己居然可以成为彝族几个家族的首领,说不定哪天还会成为整个彝族的王,而他的部下全是能征善战的骑士,心中就禁不住热血沸腾。

要给一个民族传福音,还有什么方法比做他们的王更容易的呢?只要他一句话,马上会有成千上万人成为基督徒。然而这些基督徒信仰的是他柏格理,还是耶稣?主会高兴他以这种方式收获果实吗?

"主啊,您的意思是这样吗?"像往常一样,柏格理开始不住地向上帝祈祷。

他似乎听到主对他说:孩子,如果权力可以使人信仰上帝,我还用得着上十字架吗?当犹太人欢呼着,要我做他们的王时,我是怎样回答他们的?我回答说,我的国度不在地上,在天上。我宁愿被钉在十字架上,也不做犹太人的王。这是一条走向灭亡的路。

真实的经历让柏格理更明白了主的心意。如果他真的答应做四个家族的首领,那么他就会被自己的部下逼迫着往战争、罪恶、败坏的路上走。

"撒旦,请退去吧!"柏格理对诱惑他的魔鬼说。心里下定决心之后,柏格理告诉哲土司，他很感激他的好心，然而他是一个基督徒，他信仰的上帝告诉他不能这么做。但是他会把彝族人当成自己的兄弟一样看待，竭尽全力地帮助他们。

再一次逃出虎口

事情已经办完，柏格理回家的时候到了。这时，哲土司突然接到一个准确的消息，田保长决心和柏格理斗到底，不能他让活着回去。他千方百计买通了两个强大的彝族土司，这两个土司是哲土司和龙先生的仇敌。他们将在柏格理返回的渡口埋伏下重兵，只等他们到了那里，就把龙先生和外国佬绑架起来，然后逼迫他们的家属支付巨额的赎金，达不到目的就撕票杀了他们。

柏格理一行在中午时分抵达金沙江渡口，等待船夫从江对岸摇船来接他们过江。任凭同行的人怎样叫骂，田保长命令船夫绝对不许过江。与此同时，两个土司的大队人马已埋伏在一个距离柏格理一行不远的、可以密切监视他们的大山洞里。准备一旦摸清这个外国人的底细，就立即进攻。

时间一秒一秒地过去，柏格理他们在岸边等了几个小时，每个人都心急如焚。

百无聊赖之中，几个年轻人看到江边的一片鹅卵石河滩，他们想起几天前和柏格理玩过投石游戏，就邀请他再玩一次。柏格理欣然同意。他从小就是板球高手，他在彝族人喜欢玩的投石游戏里加进了板球的击球技术。九个青年汉子同时把石块抛向柏格理，柏格理随手接住，并反抛回来，打得几个年轻人手忙脚乱。旁边的人看得眼花缭乱，齐声叫好。

埋伏在山洞里的敌人看到这一幕，惊呆了。这个外国人简直神秘莫测，看来真如人们传说的，即使100个人也难以逼近。他们想不出有什么办法，可以打败他。于是，他们给对岸发信号：情况有变，原定计划取消。

渡船在暮色中不慌不忙地摇过来。当柏格理走上船头的时候，傍晚的夕阳照在他的身上。他回头再看凉山，山色朦胧，埋伏在山洞里的一大队人马拖着疲惫的步伐经过他刚玩过投石游戏的地方，慢慢地向山中退去。

柏格理后来回忆说，在凉山度过的十多天是他一生中最为轻松、最为愉快的日子。他好像回到了自己可爱的家乡，生活在自己的亲人中间。他做梦都盼望重回凉山。他开始认真地筹备移居到凉山去传道。因为他明白，笼罩在他身上的神秘的光环维持不了多长时间。除非全体彝族人民接受耶稣做他们的救世主，让耶稣取掉他们心中的剑，抹去他们的代代冤仇，否则和平就永远不会降临到这片美丽的土地。

凉山那边，也不断有人从金沙江对岸过来，邀请罗洪胛胛带上妻儿到凉山去，定居在美丽的安宁河畔。

※ 一个彝族老人
和他的女儿

风云突起

远道而来的四个客人

您可以教我们读书吗

星火燎原

传福音的诀窍：培养同工

到最危险的地方去

直奔威宁

在爱中行走

第五章 闪亮的一九〇四

风云突起

当柏格理的眼光盯着昭通西面凉山的时候，他还不知道，在昭通北面几十公里之外的贵州省西北部，一场中国苗族人民皈依运动已是山雨欲来风满楼。

1865年，戴德生创立中国内地会。目标是以最快的速度向中国内地传福音，没有固定工资，唯靠上帝的供应。1877年，英国传教士祝名扬、巴子成二人进入中国西部贵州拓荒，建立中国内地会贵阳传道点，地址是今天的贵阳毓秀路。

1884年，英国传教士白得礼到贵州安顺传教。1888年，亚当·党居仁来到安顺，接替白得礼的工作。

1903年，亚当·党居仁开始在安顺北面的等堆修建教堂，在那里他碰到一伙猎人。党牧师看见这些人长辫盘头、身披蓑衣、衣衫褴褛、脚穿草鞋、背弩挂箭，非常惊奇，问身边的人："这些穿草衣的是什么人？他们是从哪里来的？"

有人告诉他："这些人是苗族的一个分支，是从贵州威宁高寒山区搬到这里来谋生的花苗[1]。他们没有土地耕种，四处流浪，以打猎、帮工为生，是苗族中最贫苦的一支。"

安顺一带居住着许多苗族人，党牧师一直渴望学习苗语，了解苗族

①花苗是苗族的一个分支，主要居住在滇、黔、川边乌蒙山区。因衣服上繁花似锦而得名。柏格理所传的苗族主要就是指花苗。

人民的历史和风俗习惯并给他们传福音。于是，党牧师热情地邀请这几个猎人到家里去做客。

看得出来这伙猎人经过长途跋涉，又饥又饿。一到家，党牧师就马上让人给他们端来茶水、米饭、饼干和面包，待他们吃饱喝足之后，又亲自张罗他们住宿。

第二天，这伙猎人要走了，党牧师告诉他们："你们以后有什么困难，可以到安顺来找我，我会尽可能地帮助你们。"

那时，苗族非常原始，人们有姓无名，男孩生下来就在姓氏后面加上"老大"、"老二"等算作名字。于是，党牧师按照《圣经》上的人物给几个人每人取了一个名字：李马太、张马可、张雅各、张约翰。

几天后，李马太他们打到一只野猪，被当地人抢走。李马太想起那个外国牧师的话，让几个同伴尾随抢他们野猪的恶霸，自己跑去找党牧师，诉说他们的委屈。党牧师听了以后，立即骑马到安顺找官府。官府派人随党牧师星夜赶到土老寨处理此事。当地人多，一口咬定野猪是他们猎得的。党牧师又问李马太，李马太说："的确是我们打来的。"

党居仁说："好，你们双方都有理，我问当地人一句话，你们是怎么把野猪打死的？"

"我们是用乱棍打死的。"

党居仁又问李马太他们："你们是怎样打死的？" 苗民同声应答："我们是用弩箭射中的。箭头两翼放有苗药，请大家看准，猪脖子上还有血渍和伤口嘞！"

党居仁转向当地人问："既然你们是用乱棍打死的，野猪身上怎么没有棍伤呢？"当地人无言以对。

李马太对当地人说："我们是远方来的客人， 按我们苗家的规矩，见者有份，我们愿意分一半给你们。"

党居仁听了很高兴，说："好！这个案子是你们自己断的，非常合理。我愿意向上帝祈祷，祝愿你们大家平安、和睦相处。"

李马太他们向党牧师表示感谢。党牧师告诉他们："你们不要谢我。

要谢，就谢帮助你们的耶稣。”接着，党牧师给他们讲述了耶稣降世救人，并一直在寻找拯救迷途的人们的故事。

“耶稣也要来寻找我们吗？”这几个苗族人问。

“是的。耶稣现在就来寻找你们了。”党牧师肯定地回答。随着党牧师耐心地讲解，这几个苗族人终于稍稍明白了，竟然会有人热爱和关心苗族，对他们来说是那样新奇而不可思议。然而他们相信这个真心帮助他们的外国人没有理由骗他们。他们每个人都怀揣着这个动人的好消息赶回家中。

杀牛祭祖是苗族最古老的风俗之一。1903 年 10 月，贵州威宁兴隆厂罗亚伯家杀牛祭祖，来自云南东北部和贵州西北部乌蒙山区的 1000 多个苗族人，赶到兴隆厂参加这次为期七天的祭祖盛会。

李马太是罗亚伯的妻子和前夫生的孩子，因此李马太和张马可等人从贵州郎岱懒龙桥回兴隆厂参加家族祭祀典礼。临行前，张马可对李马太说：“我们在安顺信耶稣、受洗归主的事，向弟兄姊妹们讲不讲？”

李马太说：“讲！怕什么？我来讲！我们苗家也该读书信耶稣了。谁能阻挡我们呢？”

这样，在 1000 余人的祭典上，李马太像彼得在五旬节那样勇敢地站出来，宣扬神的福音：

> 亲爱的弟兄姊妹们！我告诉你们一个大好的消息：安顺出了苗王！对苗家很是亲热仁爱，称苗民为兄弟姐妹，尽力帮助我们苗家，还教我们苗族读书、信教！我已经在安顺跟着党牧师信了耶稣。党牧师告诉我，我不仅要自己信耶稣，还要向我们苗家讲述耶稣前来寻找我们苗家，拯救我们苗家的好消息。②

那时苗族正处在彝族封建土司和清王朝的双重压迫剥削之下，没有自己的土地和财产，在乌蒙山区四处流浪，过着猪狗不如的日子。忽然听到有这样一个奇妙的好消息，人人欣喜若狂。

李马太又说：“苗家受压迫要到何时呢？受苦要到何时呢？我们苗家赶快醒悟了！大家快起来信教读书了，不要再执迷不悟，否则永远落后受人欺负！不要一辈子在苦胆里生活，终生被罪恶捆绑，无力自拔，我们苗

②引自《基督教葛布教会百年史 1904—2004》，第 13—14 页。

家如此，要到何时呢？”

李马太的话深深地扎疼了苗家人的心。大家议论纷纷：“李马太是我们自家人，自家人怎么会欺骗自家人呢？我看我们应该相信！”

参加盛典的人回去之后，“有一个叫‘爱稣’[③]的人爱我们苗家”、“苗家要信教、苗家要读书”这个好消息借着滇东北花苗方言区家族信息网络像野火一样，很快传遍了整个乌蒙山区。

罗亚伯的长子罗彼得和他的姐夫张朝相随即跟着李马太到安顺探访党居仁。

塞缪尔·克拉克在《在中国的西南部落中》一书中，详细描述了当年苗族去安顺路途中的真实经历：

> 这些朴实的基督崇拜者来安顺是很艰辛的，他们要翻越很多高山，有时跋山涉水要走整整十几天的路程。汉人鄙视他们，途中不让他们投宿于汉人的客栈或寨子。出发前，他们要背足供来回途中，及在安顺逗留期间食用的燕麦片或玉米粉，他们经常在一条溪流或一口井边稍事休息，在随身携带的木盆中，用冷水搅拌干粮，生吃充饥，接着就继续赶路，黑夜就在山坡上睡觉，身上盖着毡制大氅。他们常常在到达安顺时，脚底疼痛、疲惫不堪。[④]

党牧师留他们住了七天，一边教他们读书，一边耐心地给他们讲耶稣的道理。

回到兴隆厂之后，罗彼得的弟弟罗但以理又叫上贵州葛布寨子的张保罗、王约翰等 12 人前往安顺。这次他们整整呆了一个月。这 12 个人回来后，决心在当地建立教会。

与此同时，前往探访党牧师的苗族人越来越多，党牧师有些招呼不了，又考虑到他们这样长途跋涉太辛苦。他问这些远道而来的人，云南昭通离他们家有多远，他们说步行只要两三天的路程。于是他想起了自己的朋友柏格理和邰慕廉。早在 1887 年，当柏格理和邰慕廉刚到中国，在安庆学习汉语的时候，党牧师和这两个年轻人共过事，并建立了深厚的友谊。

③那时苗族称耶稣为“爱稣”。

④引自《在中国的西南部落中》，塞缪尔·克拉克著，苏大龙翻译，贵州民族研究所编《民族研究参考资料》第 25 集，1985 年版，第 44 页。

党牧师给柏格理写了一封信，交给罗但以理，对他们说："你们的家离昭通要近一些，那里有一位柏格理牧师是我的好朋友，你们可以拿着我这封信去找他。"

罗但以理把信拿在手里，胆怯地问党牧师："他真的会接待我们吗？他会像您待我们一样好吗？"

党牧师说："我那两位朋友人很好。他们和我一样，也是耶稣的仆人。你们放心，他们一定会好好地接待你们的。"

1904 年 7 月 12 日，星期二。有四个人，在长途跋涉之后，踏着最后一缕夕阳，衣衫褴褛地站在柏格理家的门口。

这一年，柏格理 40 岁。为了这一刻，他祷告了 17 年。

远道而来的四个客人

来到柏格理家中的四个人是罗但以理、罗彼得、张朝书、张朝相。四个人站在门口，却犹豫起来，因为他们谁也没有见过这个外国人，不知道他会怎样对待他们。他们之中只有张朝书可以说一些汉语，于是几个人把他推到前面，他站在门口，胆怯地伸出头向门里张望。

这时正在教会学校读书，后来成为"小存妹儿"丈夫和传教士的钟焕然看到了这几个畏畏缩缩的人，感到很奇怪，走出来问他们：

"你们有什么事？"

他们回答说他们找柏牧师。

"你们找柏牧师有什么事？"

他们回答说他们想读书。钟焕然更奇怪了：

"从来没听说你们苗族有人读书，你们怎么会想到来这里念书呢？"

张朝书从怀里掏出两本书。钟焕然拿过来一看，一本是《真理入门》，一本是《颂主圣诗》。钟焕然问他们是从哪里得到这些书的，罗但以理把党居仁牧师写给柏格理的信交给他。

柏格理礼貌、谦恭、热情地接待了他们。他脸上挂着亲切的微笑把他们请进客厅，又立即让人给客人端上热茶。等客人稍事休息之后，包括邰慕廉在内的所有人都过来向这几位客人表示热烈的欢迎，并用他们能够听懂的、简单的汉语和他们寒暄。

天色已晚，柏格理像接待自己的亲戚一样给这几个人张罗住的地方。他不是没看出这几个人经过长途跋涉，全身沾满了污泥，头发纠结在一起，也不是没有闻到从他们身上散发出的一阵阵刺鼻的臭味。然而他心里没有闪过哪怕一丝鄙视他们的念头。因为他和他的同工心里都晓得，和这几个人一起来寻求他们帮助的还有耶稣。

罗但以理他们深切地感到似乎回到了自己的家中。他们看得出来柏格理不仅把他们当自己的亲兄弟那样接待，而且从心底了解他们的难处，处处维护他们。因为在昭通这样一个汉人占大多数的城市里，他们很难找得到住处，即使幸运地找到了，也难保不被人嘲弄和欺负。在柏格理这里，他们平生第一次感到自己活得像一个人，被人尊重和理解。

昭通教会的学生三天前才刚刚搬进新修的教室，于是柏格理把四个客人安排到旧教室里就寝。后来每次回忆到这件事，柏格理心里都充满了感恩：

> 上帝真是奇妙！他把一切都预先安排好了。

您可以教我们读书吗

在1904年7月12日当天的日记中，柏格理写道：

> 第一件事情就是，他们非常迫切地想要读书。他们随身携带着小袋食物，主要是燕麦炒面。我让他们歇在旧教室里。我真诚地希望，就此能够揭示出一个新的天地。愿上帝把他们都拯救。
>
> 我们这里的人为这件事情而震动了。

柏格理很快发现，虽然日子过得很艰辛，但和彝族人一样，苗族人的生活中充满了欢笑。他们能够从眼前发生的哪怕很小的事情里找到开心的理由。当柏格理穿上他们的衣服，学着他们的样子，在院子里迈开八字步，摇头晃脑地吹着芦笙，跳起苗族舞蹈时，他们从心底相信柏格理和他们就是一家人。

闲聊中，柏格理问他们：

"你们会不会像乡下的汉族人表现出的那样害怕我们'洋鬼子'？"

罗但以理回答说："我们听到汉族人和彝族人时常叫你们'洋人！洋人'，所以我们昨天来到你们这里时还真有些紧张。但是，当我们见到你们后，我们发现你们不是洋人，就和我们自己的同胞一样，你们和我们是一家人，只不过你们来自很远的地方。"

柏格理在《苗族纪实》中激动地说道：

> 和他们是一家人！在我的生平中还从来没有受到过如此崇高的赞扬；而且是被中国最贫穷和待发展的少数民族群众认可为一种、一种父兄般的形象，这对于我来说是最大的幸福。成为苗族人中的一位苗族人！所有这些成千上万的蒙昧、不卫生、落后、犯过罪过的但又是最可爱的人们，我的兄弟和姐妹们，我的孩子们！[1]

柏格理还听到一件趣事：这些苗族人在前来拜访他的时候，给他带上了他们寨子酿造的美酒。他们有把握只要柏格理闻到酒香，就一定会对他们产生好感。但是不妙的是，在途中，他们听说这个外国老师不仅滴酒不沾，而且极其反感有人酗酒。他们开了一个小会，决定既不能带给老

[1] 引自《在未知的中国》，第95页。

师，自己也不能喝，因为两样老师都不喜欢。

“太可惜那些好酒了，闻着就流口水，全被土地爷喝了。”他们自豪地对柏格理说。

星期六，罗但以理他们带来的燕麦炒面吃完了。带着满腔的感激之情，他们和柏格理及教会其他同工依依惜别。柏格理极其诚恳地欢迎他们再来。他告诉他们，要想改变自己的命运，他们所学到的知识还远远不够。柏格理委托他们回去告诉苗家人，他的大门随时为所有的苗家人敞开着。

星火燎原

柏格理在日记中写道：

7月22日。星期五，又来了五个苗族人，我们试着教他们读书。

7月23日。星期六，又有13个苗族人来到。

这13个苗族人告诉柏格理，他们只是作为先头部队先来看看，如果确实有一个叫“爱稣”的人关心他们苗家，如果他们在柏格理这里确实得到兄弟般的照顾，那接下去，居住在山里的成千上万苗家人，都会赶到昭通，听传教士给他们讲“爱稣”的故事。

成千上万！柏格理有些难以置信。他和他的同工在昭通辛辛苦苦奋斗了20年，才仅仅吸收了几十个汉族和彝族信徒。然而，看到在两个星期之内就有22个苗族人前来寻找耶稣，柏格理的心里又充满了期待。

与此同时，来访的苗族人在昭通见到传教士并受到兄弟般热情接待的好消息，风驰电掣地传遍了乌蒙山里的500个苗族村寨，几乎每一个苗寨都派出自己的代表到昭通拜访传教士。

柏格理在《苗族纪实》中写道：

那些日子令人永远难以忘怀。秋天的丰收终于来临。当然山里的芸芸众生没有接待工作的沉重压力，所有人的心思都转向昭通府中传教士的住宅。几乎每一个苗寨都派出一伙人向这里进发。从东方到西方，从北面到南面，这些山里的汉子肩上挎着装有燕麦炒面的袋子，腰带中缠着几文铜钱，披着毛毡斗篷，脚穿草鞋，在心中怀着一种不平静的奇异感觉，驱使他们奔向我的住所。每天下午约4点钟，如果你站在向街道敞开的大门口，就会看见他们排成一条长线式的纵队从大路当中的人行道上走来。他们的方向既不右偏也不左斜，迈着有力的步伐阔步向前，径直来到我们的大门口。进来后，他们从自己的肩上解下粮袋，随后若由他们自己选择，就会在环院子围墙突出的墙基石上坐下来。对于最终抵达目的地，他们都很兴奋。在以往的岁月里，他们经常进入那些巨大的城堡，向自己的领主上缴租金和贡品，但在那里总有一种陌生感。今天，他们则待在一座自己朋友所居住的汉族式大宅院里，在这里有一种回到家中的感觉。没有谁要将他们赶开，没有恶狗向他们狂吠。这里全部房间都对他们开放，他们也熟悉房屋内的陈设与布置，到了晚上，就在为他们准备的数尺见方的地铺上就寝。①

开始每天来十几个、二十几个人，过了几天人数增加到每天60—70个。接着100人、200人、300人、400人，来的人越来越多！终于有一天，柏格理统计之后吓了一跳，他们这个小小的传教团里竟有1000人同时住在里面！

我们完全可以想象当时的情况，这个平时只能容纳几十个人的地方一下子住进了上千人。柏格理说："不管我走到哪里，他们就在哪里！在厨房，在餐厅，在书房，在卧室，在客厅，在教堂，在学校教室，在院子里，在马棚里，在台阶上，早晨、中午、晚上，他们无处不在！"

柏格理和他的家人、同事的生活完全被打乱。要是一般的基督徒，早就无法忍受了，会想方设法告诉这些苗族客人家里实在容纳不下，劝他们不要再来了；较有爱心和智慧的人会要求来客想办法到当地的旅馆去住，或者建议他们每次不要来这么多人，这样不仅主人比较好安排，而且客人也会住得舒适一些；最后不忘加上一句，我这样说，是替你们考虑。

但柏格理和他的同工们没有这样做，他从心里理解这些苗家人的难处，理解他们发自心灵深处的对上帝的热爱。他清楚地明白这些人只是他们民族的代表，这个民族在中国有着几千年被压迫、奴役和歧视的历史，环绕着他们的世界永远是没有希望的。在这里，他们民族怀着或许能够发现朋友与帮助的微薄希望，向外面的世界伸出一只胆怯而犹豫的手。

柏格理知道一旦这些人感到接待他们的人有一丝不情愿、对待他们有一丝轻视、他们的心灵哪怕受到一丝伤害，他们就会把刚伸出来的向上帝求助的手缩回去。

柏格理竭尽所能地热情接待他们，让他们觉得到这里，就像回到自己家里一样。他要紧紧地握住这些可爱的手。

①引自《在未知的中国》，第110页。

除了住的一席之地、饮水和煤炭，柏格理再没有其他东西可提供给这些人。不管是早餐、午餐还是晚餐，客人都吃他们随身带来的燕麦炒面。柏格理首先教苗族人唱一首《谢饭歌》。在吃饭前，他们无一例外地端着木碗，低着头，向热爱他们苗家的耶稣表示感谢：

多谢天父养我肉身，
又赐耶稣救我罪人，
天父之恩报答不尽，
恳求圣灵开导我心。
阿门！

由于大多数苗族人的汉语知识很贫乏，柏格理立即着手学习苗语：

> 晚上，在汉族人礼拜之后，通过他们当中的两个人的翻译，我主持了一场苗族礼拜。瞧着他们，真让人感到有意思。我讲几句话之后，便转向我的翻译，让他们用苗语重复一遍我所说的话。用这种方式，我学会了几句苗语，讲得竟和他们一样。

一天，柏格理把五个苗族人请进一个小房间，尽可能简单地向他们讲述耶稣的故事。

柏格理发现，故事立刻打动了他的学生。他告诉他们，上帝是所有人伟大的父亲和母亲。他具有父亲般的力量和勇气，还具有母亲般的慈爱、同情及无限的宽容心。

他们问："上帝也是我们苗家的父亲和母亲吗？"

柏格理回答说："是的。上帝也是你们苗家人的父亲和母亲。"

听到这里，那几个苗家汉子的脸色和眼神变得无比欢快和明亮！

讲课中间，柏格理出去处理一件小事。大约过了一刻钟，他回到屋里，看见几个人还安安静静地坐在那里，充满渴望地注视着他。柏格理问："你们谁还记得刚才我讲的那个故事？"

他们全都摇摇头。短短的时间，那如此打动他们心灵的故事，他们竟然全忘光了。柏格理只好又重头开始。

传福音的诀窍:培养同工

在王玉洁、钟焕然等汉族基督徒的帮助下,经过一段时间的摸索,柏格理下定决心从认最简单的汉字开始教这些苗族人读书。他让每一个人先买一本 40 文钱的《赞美诗》和 80 文钱的《新约圣经》。每天早上 5 点,柏格理就被朗朗的读书声唤醒,而到了第二天凌晨 2 点,一些用功的学生还舍不得放下手头的书。

与此同时,柏格理挑选苗族优秀人才在昭通举办教牧人员培训班,为他深入苗区传教、办学及建立教会做人才储备。

王道元,贵州威宁黑土河乡爱华村人。1877 年,王道元出生于一个贫苦农民家庭,祖辈佃种威宁八大土目之一——牛棚子大地主禄祯祥的土地,过着牛马不如的悲惨生活。

1904 年夏天,许多苗族人从威宁的九区、十区一带成群结队路过爱华山王道元的家乡赶往云南昭通。回来的人奔走相告,说昭通洋人柏格理和其他外国人对待苗族人都很友善,把苗家人当成自己的兄弟姐妹。教苗族人读书识字学文化,告诉苗族人有一个叫"爱稣"的人很爱苗家。王道元发现自己的眼前闪现出了一些希望。他深知苗族祖祖辈辈受欺压,根本原因在于不识字没文化。于是他毅然告别妻子儿女,来到昭通求学问道。

这一年,王道元 27 岁。

1904 年秋,去昭通信教求学的苗族人越来越多,柏格理于是在昭通小龙洞开办了教牧人员培训班,为下一步深入苗区传教、办学及建立教会做人才储备。王道元刻苦求学的精神和发自内心的对上帝的虔诚就像夜晚先出的星斗一样,很快引起了柏格理的注意。柏格理选派他参加培训班学习。

在几个月的学习中,王道元如饥似渴地刻苦钻研,最终以优异成绩结业。然后,柏格理委派他和其他几十个学员回到各自家乡、村寨布道。

与此同时,柏格理把从贵州石门坎雨撒湾前来学习的苗族青年杨雅各请到自己家里,和自己同吃同住,夜以继日地学习苗语。

到最危险的地方去

当越来越多的苗族人涌进柏格理在昭通的传教团的时候，引起了昭通居民的猜忌和恐慌。几乎每一个人都在问："苗族人这样动荡不安是怎么回事？他们和外国人串通在一起想干什么？"很快，外国人在煽动苗族人造反的谣言就传得有鼻子有眼，说有人亲眼看见柏格理给苗族人分发毒药，让他们投入水中，杀死剥削和欺压他们的所有彝族地主和汉人。

乡村的彝族地主担心苗族人信教之后不再忍受他们的欺压，团结起来反抗他们，也想尽一切办法打击那些敢于到昭通探访外国人的苗人。一天，一个苗族人急匆匆地跑进柏格理的院子，满脸是血。他告诉柏格理，他和叔父一起到昭通来看柏格理，当他们刚走到稻田坝，几个陌生人突然冲出来狠狠地打他们。他不顾一切地逃脱了，但他的叔父腿脚不快，被抓走了。他随身带的一袋燕麦面和准备送给柏格理的一只鸡、一些核桃，还有芦笙，被抢夺一空。

更可怕的事情还在后面，由于听信了苗族人即将造反的谣言，贵州威宁的知州已经给贵州总督上交了一份详细的报告，说有一帮居心叵测的外国人正偷偷潜入贵州境内，发给苗族人武器和毒药，鼓动他们造反。

形势越来越严峻，眼看着一场大屠杀一触即发，怎么办？柏格理决心进入危险地带，追查谣言的根源！他是想把自己送到那些对他又怕又恨的人面前。他要让这些人亲眼瞧瞧他们传说中威力无比的外国人是多么虚弱、多么孤弱无助。他不仅不会鼓动造反，还真心地需要他们的帮助。他要让那些认定他带领苗族人造反的谣言不攻自破！

柏格理刚把他的想法在同工会议上提出来，就遭到所有同工的坚决反对。

邰慕廉第一个站出来："撒母耳，我们不允许你这样鲁莽行事。要知道在山里有很多人认定你是这场骚动的罪魁祸首，恨不得把你碎尸万段!他们已经放出话来,不管是谁杀死你,都会得到一大笔钱。而且扬言,只要你敢踏入他们领地一步,就让你有去无回。"

柏格理看着这些和他风雨同舟的伙伴,久久不说话,然后突然地,柏格理哭了,泪流满面:"弗兰克,我自己也不想去。但昨天夜里,主找到我,他问:'当我的羊群被击打的时候,孩子,你在哪里?'"

所有的人都不说话。那天夜里,邰慕廉走进柏格理的书房,这对老伙伴默默地相对而坐。后来邰慕廉先开口:"撒母耳,还记得托马斯·索恩,我们的老同学吗?"

柏格理:"弗兰克,我怎能忘记?"

邰慕廉一字一句地说:"撒母耳,我的老伙计,托马斯·索恩生命的最后几天,就是在你即将要去的山区苦苦挣扎着度过的。那时他发着高烧,伏在马上,在长达三天的时间里,没有吃上一口饭,喝上一口热水。他从马上摔下来不知有多少次。撒母耳,而你将要面对的处境,比托马斯·索恩还要凶险……"

柏格理深情地望着比他小两岁的老同学:"弗兰克,我们来中国多久了?"

邰慕廉想了想:"是啊,一晃17年过去了。"

柏格理说:"弗兰克,我亲爱的朋友,用中国人的话说,我们都已进入不惑之年。我们都老了。在中国,我们从一个少年人成长为一个成熟的中年人,我们都在这里娶妻生子。"他停了一下接着说:"但我永远不会忘记我们刚到中国,刚到昭通,你染上天花的那些岁月。弗兰克,当你逃离死神魔手的那一刻起,主就给了我这样一个信心:不管我们遇到什么,无论我们将要面对什么样的环境,神都与我们同在。弗兰克,你说我说的对吗?"

柏格理说到这里,突然跳起来,跑过去把门打开,高声唱起一首赞美诗:

　　但那诚实爱主的人,
　　祸福都不问。
　　就是他们宝贵心血,

甘愿为主舍。

求主给我这样心志，

挚忠忘生死。

郃慕廉跟着站起来，他们一起跑到院子里。这时沙文医生也走过来，他们一边唱，一边跳，越来越高兴。

直奔威宁

1904年9月4日，一个苗族汉子从几天路程以外的山里赶来，向柏格理求救。有三个苗族人被人诬陷在寨子里投放了毒药。他们已被地主捆绑起来严刑拷打，地主威逼他们除非供出给他们毒药的人，否则只有死路一条。

柏格理不愧是圣徒，他的爱不仅体现在心里，更体现在行动之中。9月5日一大早，柏格理就和王玉洁、钟焕然一道出发，目的地就是120公里以外的贵州威宁。

路极其难走。乌蒙山的气候特征是“五里不同天，隔山分阴阳”。柏格理在《苗族纪实》中写道：

> 当时恰逢一场雨后，道路状况极糟，乘骑的马匹更是在旅途中吃尽苦头。行至第三天，威宁城外那个美丽的湖泊(指草海——本书作者注)出现在我们的视野之中。当天早上，天气晴爽，湖水在低矮的山岭中绵延许多英里，此时的心境只能用宁静和美好、愉快与欣喜来形容。……
>
> 到了下午，情景骤然发生变化。霎时间阴云密布，突然戏剧性地将我们陷于我多年来未曾遇到过的狂风暴雨之中。在旷野上没有任何遮风避雨之处，骤雨和地上形成急流，无情地抽打、冲击着我们。我们默默地沿着道路在泥泞的雨雾中跋涉，任凭雨水顺着皮肤往下流进衣内。使我最难忘的是通过一座跨越深沟的简陋木桥。我骑着那匹白中带黑毛的小马，或许它能安全走过桥去，或许它滑倒并把我摔下深渊折断颈骨而死？当时如果没有那匹马，我根本不可能到达威宁，但若在过桥时摔下去，我知道就再也不可能爬上来。真是令人进退两难。我只有信赖“白中带黑”，把后脚跟蹬在马镫中，以准备在不测时好跳下来，最后总算顺利过了那座木桥。亲密、老练的“白中带黑”![①]

①引自《在未知的中国》，第105页。

9月7日，天黑之后几个小时，柏格理才赶到威宁城。第二天一早，他就带上他在昭通官府的一个朋友写给威宁邓知州的信前往威宁衙门。邓知州有事外出，要几天后才回来。乡下的苗人正在受苦，柏格理没有时间等待。经过一番努力，柏格理要到了邓知州在外地的地址，发电报和他协商解决方案。邓知州被这个外国人坚韧不拔的作风所折服，起草了一份布告发给柏格理。布告的开头这样写道："朝廷再三喻示，命令我们要保护洋人。"柏格理的心思极为细密，他马上发现问题，并要求邓知州将布告中"洋人"一词换成"基督徒"。因为需要保护的不是洋人，而是中国的基督徒。邓知州欣然同意。

柏格理了解到苗族人受苦最多的地方在威宁县城北面20里外的羊街。于是第二天一大早，他们就出发往那里赶。邓知州派了两个差役随同前往。

一路走一路看，柏格理发现这里的山与昭通那边巨大的山脉迥然不同。沿路星罗棋布着数百个小山头，像一个个馒头那样坐在那里。苗家人的茅棚就建在一个个小山坡上。

到了羊街，柏格理发现有几百个当地人正在赶集，观察来赶集的群众，果然没有一个穿花衣的苗族群众。柏格理站在一个山坡上，给人们讲述耶稣为了所有人上十字架的故事。他说："乡邻们，请大家听好了，耶稣带给你们的是平安。我作为耶稣的门徒，怎么会鼓励苗族人造反呢？而且，苗族人到我那里去，也只是想信耶稣，想学习认字。请你们放心，他们绝不会造反的。"柏格理讲完之后，两个差役开始张贴官府的布告：

"苗族信教，原属正道，并非异谋，不得干涉，有违者，依法严惩。"

随行的钟焕然等人向围拢来看布告的群众解释布告的内容，宣传说苗族信教并没有损害其他民族的意思，劝大伙不要乱听谣言，乱传谣言。很快有人悄悄找到柏格理，向他反映本地团守李士林现在还把几十个苗族人囚禁在自己家里拷打，柏格理委派钟焕然和差役马上赶到李士林家。李士林见到差役，大惊失色，急忙命令手下把苗族人全部释放。他定了定神，赶紧去见柏格理。柏格理问他："你为什么要囚禁、拷打苗族人？"李士林不承认："那都是有人瞎说，想诬陷我。您想，我一个皇门秀才，怎么能做这些糊涂事?”他话音未落,刚被他释放回家的苗族人领着男女老少一大群人前来诉苦,李士林特别尴尬。柏格理认真分析形势,认为李是一个儒士,又是这一带的乡绅,在当地有一定的影响力,只要能把他争取过来,就有利于平息事态,而且可以借着他的影响平息谣言。主意已定,柏格理答应不追究李士林的错误,但要求他立即召集这一带的汉族、彝族、回族群众,由李士林本人亲自向群众解释政府的布告,同时承认自己误听谣言,从今以后不再听信谣言。有李士林出面,谣言不攻自破。

9月13日,整整一天都跋涉在乌蒙群山之中。最后柏格理到达狗街。那天有1000多人从四面八方前来赶集。听说洋鬼子来了,群众蜂拥而至。有人给柏格理搬来一块石头,他站上去,扯着嗓子给大家讲他来到中国的目的和苗族人信教的真实情况,还和气地回答每一个人提出的问题。

柏格理发现,所有听众一开始都十分仇视他这个从未见过、也谈不上了解的“洋鬼子”,这从他们脸上的表情就可以轻易地看出来。而当“洋人”站在他们面前,穿着和他们一样的衣服,身材瘦弱,他们中间随便一个人都可以打倒他;而且这个“洋人”对他们非常尊敬,一直面带笑容,和和气气地回答他们提出的每一个问题时,笼罩在人们心头的疑虑慢慢消退。讲道结束后,大多数听众的态度已发生了180度的转变。

天黑之后,柏格理又赶了25里路,摸黑抵达大官寨城堡。大官寨的彝族土目名叫安荣之,是威宁最大的一家土目。柏格理听当地人介绍,安家号称“指手为业”,意思是手指到哪里,哪里就是他安家的产业和势力范围。安荣之亲手管辖着这一带60多个苗族村。柏格理深知此人的态度对他非常重要,有了他的帮助,他此行的目标就完成了一大半;而如果安荣之反对,他下一步就会寸步难行。

幸运的是,安荣之是一个开明的土目,当苗族人刚开始信教的时候,安荣之专门到昭通拜访过柏格理,想了解究竟发生了什么事。柏格理礼节周全地接待了他,彼此留下了很好的印象。安荣之给柏格理讲,自己是彝族最显赫家族的直系后代,他们家族历来以开明和拥有超前的政治智慧而闻名。远在中国的蜀汉，诸葛亮“五月渡泸，深入不毛”，平定南中时，他的祖先济济火就站在诸葛亮那一边，运输粮草、修桥铺路，为诸葛亮降伏孟获立下了汗马功劳，被诸葛亮册封为罗甸国王，国都就在今天的贵州毕节大方一带。中国明初洪武四年，也就是1371年，朱元璋经略西南。他的祖先霭翠率先归附，被大明王朝册封为贵州宣慰使，职位大概相当于今天的贵州省省长。1381年，霭翠因病去世，他的妻子，年仅20岁的奢香夫人，接任贵州宣慰使一职。

1383年，明王朝派驻贵州的封疆大吏马晔，抱着大汉族主义的偏见，视奢香为“鬼方蛮女”，找茬把奢香抓起来，在大庭广众之下命令手下剥去奢香的上衣，按在地上用竹板猛打，这一年奢香22岁。他盼望以此激怒奢香，趁机发兵，一举消灭贵州少数民族地方势力。消息传开，奢香下属的48部彝族头领无不悲愤莫名，纷纷要求造反。这时奢香已经识破了马晔的阴谋，反而冷静下来。她安抚自己的手下说：“不能这样。马贼这样羞辱我，目的就是要逼我们造反。大家冷静些，不能让恶贼的阴谋得逞！大伙的好意我奢香心领了，你们放心，我会想到办法对付他。”

奢香深知对手的强大。马晔既是封疆大吏，又是马皇后的侄儿，名副其实的皇亲国戚。奢香的办法是忍耐、忍耐、再忍耐！她决心一直等到进京面圣的那一天，再和马晔较量。

1384年，奢香进京面圣。在金殿上，奢香对朱元璋详细讲述了自己一家对大明的忠诚和贡献，痛斥马晔企图逼反她，祸国殃民的罪状。朱元璋听到马晔破坏自己既定的民族政策后，极为震怒，立即下令将马晔抓回南京严惩。

奢香，这个年仅23岁的弱女子，硬是忍辱负重，把带给她羞辱的敌人彻底扳倒。

奢香一回到贵州，立即亲自率领彝族人民开辟了连接湖南、贵州、云南，从贵阳经毕节到四川的两条驿道。变天堑为通途，改乌蒙为昭通。一百多年后，有一个明朝官员来到今天的贵州修文，在奢香修建的龙场驿站任站长，他的名字叫王阳明。

1390年，奢香把自己的独生子送到南京，进京师太学读书。1392年，儿子学成回家时，朱元璋亲自召见，赐汉姓“安”。

1396年，奢香夫人不幸去世，年仅35岁。朱元璋闻讯潸然泪下，追封奢香为“大明顺德夫人”，派使臣亲往祭奠。

作为彝族伟大母亲的后代，安荣之非常崇敬他自己的母亲。在安荣之母亲身上毫无疑问也流动着顺德夫人的血液。他母亲年轻时，她的父亲不同意她和自己的心上人结合，于是她暗地鼓动她后来的丈夫带了一大帮人把她从自己家里抢走。

安荣之从小就开始学习汉语。后来，他顺利地通过科举考试，成为人见人敬的举人。

听到柏格理一行到达的消息，安荣之把他们迎进客厅，亲自给他们泡茶喝。每喝一口，柏格理有意美滋滋地咂嘴，安荣之的神色越来越高兴。最后，他安排和柏格理同来的两个人先歇息，单独把柏格理留在书房，海阔天空地侃大山。柏格理利用这个机会，赠送了一本《圣经》，安荣之接过后，翻了几页，笑着答应柏格理看看再说。然后，柏格理仔细地解释自己的立场和耶稣基督的道理。他请求安荣之向他祖先的开明精神学习，允许自己领地里的苗族人有宗教信仰的自由。安荣之爽快地点头同意。

在爱中行走

9月14日，柏格理一行抵达龙街。在这里他获知，一个苗族小伙儿看望过柏格理，刚回到寨子，就被土司抓起来，用绳子捆住双手，吊在屋梁下，土司又在他的腿上吊了一条重达50公斤的脚镣。他们就这样把他吊了18天，把他折磨得死去活来，强迫他说出给他毒药的人的名字。他说不出，因为他根本就没有毒药。

关键时刻，柏格理赶到了。在他的警告下，土司很不情愿地把人放了。

柏格理到那个苗族小伙儿家去看望他。小伙子看到柏格理来了，紧紧握住他的手，说的第一句话是："老师，我现在才算是真正体会到耶稣为了我被钉在十字架上的滋味，也真的知道耶稣是多么爱我！"

苦难和迫害并没能阻挡住苗家人爱主的脚步。虽然土司一再威胁，如果在他的领地里，有苗族人胆敢接待外国人，就要没收他们的土地。可是面对饿死的威胁，他们仍然毫不动摇。那天晚上，有好几百人点着火把从周围的山寨赶来，围拢在柏格理的周围。小小的屋子被挤得水泄不通。柏格理给大家放映介绍耶稣生平的幻灯片。当人们看到耶稣被钉死在十字架上的画面时，全场陷入深深的悲痛之中。耶稣的事迹深深地触动了每一个观众的心。

散会的时候，柏格理做结束祷告，他止不住悲伤的心情和大家一起流泪哭泣。有人唱起刚学会的一首赞美诗，所有人都大声跟着唱起来：

主啊！
亲爱的救主，
你以奇妙的救恩救赎罪人，
你以无比的慈爱吸引万民。
哪里有了你，
哪里就有平安！
哪里有了你，

哪里就有喜悦！

主啊！
在你的恩典中，
有罪的你赦免，
忧伤的你安慰，
有病的你医治。

主啊！
有了你旷野有道路，
有了你沙漠流江河。

主啊！
我们不能没有你。

9月15日一大早走了10公里，柏格理终于来到他此行的目的地。在一个小村寨里，他亲眼看到据说被苗族人下毒，因而身染重病的10个病人。他发现这10个人都已完全康复。

柏格理检查了据说是苗族人下毒的地方，距离他们住的窝棚不远处一个肮脏的池塘。柏格理看到在窝棚的门口堆放着垃圾和粪便，下雨的时候，淋过粪便的雨水从池塘前流过。谁能想到，几乎引发一场灾难的下毒谣言竟来自不清洁的日常用水。柏格理对这些人的想象力和轻易相信谣言的能力极其佩服。他说："亲眼看到这个池塘，我唯一感到惊讶的是竟然只有这么几个人生病！"

随行的钟焕然后来回忆起这次旅行：

这次因为信教发生的谣言，使整个苗族的兄弟遭受惨祸，累及柏牧师和我们冒着风雨到威宁，在农村里面受了许多艰苦，当时很感觉难受。到了后来把风波消灭，又觉得很兴奋。因为这一次风波催促了整个少数民族——苗族的团结。一方面对基督教的推广起很大的作用,另一方面对苗族的文化生活也起很大的作用。另外,柏牧师这次旅行观察了整个苗族的性质,在少数民族中奠定了教会的基础,树立起基督十字架的旗帜。①

回到昭通,柏格理的心情久久无法平静。晚上,他躺在床上,打开《圣经》,翻到《诗篇》第137节:

我们曾在巴比伦的河边坐下,
一追想锡安就哭了。
我们把琴挂在那里的柳树上,
因为在那里,掳掠我们的要我们唱歌;
抢夺我们的要我们作乐……

柏格理哭了,他为苗族这个苦难的民族而哭泣。在长达五千多年的时间里,这个中国最古老的民族,在自己国家的土地上,从北走到南、从东走到西,猪有圈、狗有窝,苗家人什么都没有。他们辛辛苦苦开垦的土地一次次被掠夺,他们欢欢乐乐建立的家园一次次被烧毁,他们相依为命的亲人一次次被蹂躏。最后,他们只好躲进高寒贫瘠的乌蒙山区,沦落为彝族土司的奴隶。哪里有野猪,他们就住在哪里,靠佃种山间的一小块空地和打野猪维持生存。其他民族都不愿意和他们来往,视他们为世界上最肮脏、最愚昧、最没有作为的一群人;即使是苗族人自己,每每想到自己民族的境况,也常常从心底里讨厌自己、瞧不起自己。

柏格理回顾短短的几个月的经历,知道所发生的一切都是上帝的意思。他在《苗族纪实》中写道:

如果有谁必须要选一些人去接受教育和培训的话,那他肯定要忽略这些苗族人,而去选一些看起来更有前途的人。其实我们也有这种看法,但上帝却不这么认为……

和以往的历史一样,上帝又一次选择了弱者。

一年一度的圣诞节到了。有四百多人早早就从山里赶来。柏格理决定从23号就开始过节。圣诞节晚上,小教堂里挤满了苗族人。

柏格理让大家齐声合唱:

①引自《中华基督教循道公会西南教区各少数民族信仰基督50年史》。

欢乐圣诞佳音，大家来欢唱，

苗家山寨欢呼弥赛亚来临……

一个又一个往日胆怯而腼腆的苗族人勇敢地走上讲台，流泪见证耶稣带给他们的爱和盼望。

最后，柏格理带领大家向上帝献上感恩的祷告。每一个人都使劲地鼓掌，流泪呼喊："感谢您、感谢您，耶稣！我们感谢您！"

※ 当年的苗族狩猎者(**上图**)
※ 1904 年到昭通寻找柏格理的部分苗族人合影(**下图**)

※ 杨雅各和他的父母(**上图**)
※ 柏格理时代山里苗族人的集市(**下图**)

第六章 石门坎

先出的星开始发光

1905年3月7日，阴历正月十六。柏格理和几个汉族同工离开昭通，走进乌蒙山深处，来到贵州威宁黑土河乡爱华村苗族人王道元的家中。

王道元的家其实就是搭在山坡上的一间茅棚。茅棚里有一半住人，另外一半地方养着两头猪。屋里的地坑坑洼洼。泥地中间堆起一个火堆，柏格理带头席地坐下来，浓烟熏得他眼睛发酸。柏格理抬头看看屋顶，被烟熏得黑黢黢的。柏格理告诉王道元此行的目的，他们盼望在乌蒙山深处找到一小块地皮，为苗家人建立教堂。

原来，由于春天来临，昭通福音堂和柏格理的家里每天都挤满了客人，安全问题变得越来越棘手。一到晚上，几十个灯笼就挂在木结构的窗户或房梁上。地板上，人像沙丁鱼一样挤在一起。柏格理做梦都担心发生火灾。

而且，由于天气越来越暖和，加上人多拥挤、居住卫生条件差，那些令当地人谈之色变的传染病——斑疹伤寒、热病、白喉、天花，甚至麻风病等，随时有可能蔓延开来。沙文医生已经就这个问题严肃地和柏格理谈了几次。接下来发生的一件事使问题变得更加迫在眉睫：

有几个苗族人来时，把他们彝族土司的孩子也带来了。土司的儿子是一个可爱的青年，举止文静，学习很刻苦。柏格理的两个儿子都很喜欢他，和他处成了好朋友，他们经常在一起玩耍、吃饭。后来，有人悄悄地对柏格理说，这个土司的儿子其实是一个麻风病患者，柏格理大吃一惊。沙文医生给孩子做了检查，不幸的是，事实确实如此。想到自己的儿子有几个月时间竟和一个麻风病人一起玩耍、在一个碗里吃饭，柏格理感到不寒而栗！

柏格理深深地觉得有愧于自己的儿子和妻子。他跪下来问耶稣："主啊！这些像潮水一样涌来的客人对我个人、对我的家庭、对我的同事到底有什么好处呢？"

他的同事中，也有人不断地对柏格理表示不满。昭通教会在当地汉族中的传教工作刚刚打开局面，需要继续深入。而昭通福音堂并没有在苗族中传播福音的计划和任务，也没有执行这项任务的经费来源。作为教会的负责人，柏格理完全应该把工作重心放在昭通城里。

柏格理感到前所未有的孤独，他一次又一次地问上帝："主啊！我应该怎么办呢？我们应该怎样接待这些主动前来寻找你的人们呢？难道我能开口对他们说，我们的确碰到了难题，即使为了他们自己的安全，也请求他们暂时不要前来吗？"

柏格理决心再深入苗区寻找机会。临行的前一天晚上，柏格理对妻子说：

"埃玛，这一段时间让你受苦了。你这样忙碌，我很心疼你。可话说回来，这么多的苗家人，跋山涉水，不辞劳苦地来追随耶稣，难道不是我们加紧工作的好机会吗？"

埃玛点点头："撒母耳，我最亲爱的。我知道你的心。不要为我担心。你不是也瘦了许多？我真替你高兴，为苗族人信主这件事，17 年来，你曾千万回向上帝祷告、恳求。今天，主终于成全你了。"

柏格理说："埃玛，我们的神真是垂听祷告的神！"

埃玛把头更紧地靠在丈夫的怀里。

柏格理说："埃玛，山里还有许多可爱的苗家人，盼望聆听耶稣主的福音。今后我打算住在他们中间，专门为他们服务，你看怎么样？”

埃玛停了一会儿说：“亲爱的撒母耳，中国有句话，心有余而力不足。你独自一人，怎能做好事呢？况且这里又有这么多事情也离不开你。但是，撒母耳，我的亲爱的，不要忧愁，也不用为我担心，我会一直为我们祷告。你知道，直到如今，神都在帮助我们。而且，撒母耳，有一点你要明白，不管你到哪里，我都会跟随你。”

劈开石门

3 月 8 日，由王道元带路，柏格理一行骑马跋涉在乌蒙山高高隆起的背脊上。跨越昭通和威宁交界的麻窝山，赶了 70 里山路，夜色中他们来到牛棚子大土目禄祯祥家。

禄祯祥是这一带最为残忍的土目之一，当地人都叫他老七。在过去的几个月里，在老七的领地里有许多苗族人相信了耶稣。这些基督徒希望在自己的家乡修建一座小教堂，这样他们可以经常做礼拜。但老七对佃户的这一想法强烈反对，以残酷的刑罚迫害那些敢于和外国人接触的苗族人。柏格理这次和他的苗族同工一起来拜访老七，看有没有可能劝说老七转变态度。

老七热情地接待了柏格理一行，并请他们住了三天。在这三天里，柏格理费尽口舌，不停地试图劝说老七成为基督徒。老七每次都不等柏格理说完，就立即粗暴地打断他："我宁肯掉脑袋也不会加入基督教。就是中国皇帝接受了基督教，并且下圣旨命令全国臣民追随他，有违者以死刑论处，我老七仍然宁死不屈。"老七接着说："如果到那时候，官府抓住我，押解行刑。在往刑场的路上，你信不信，我会走一步就诅咒你们的耶稣一声。"老七还拒绝了柏格理作为礼品送给他的书，对柏格理告诉他的每一句话都激烈反驳。

3 月 9 日上午，老七命令他领地上所有的苗族人来听柏格理讲道。可是，当柏格理讲话时，老七满脸不屑地坐在柏格理旁边的一把椅子上。没过几分钟就粗暴地打断柏格理的话，告诉下面的人这个外国人简直是满口胡言。

柏格理终于看明白，老七的算盘是要让外人明白他允许他的佃户成为基督徒，但他自己绝不会信这玩意儿。

柏格理还发现这里的每一个佃户都惧怕老七，而且老七自己也生活在恐惧之中。由于他无法无天，官府随时在找机会逮捕他，并且他的敌人也每天都在打他的主意。老七知道自己随时可能遭到袭击，因此，他让手下的所有人都接受了战术训练。

在老七那空旷的卧室里，堆放了一大堆枪支弹药。他甚至教会他的妻子们怎样往步枪里装子弹，以防不测。

3 月 11 日，柏格理终于和老七达成协议，在彼此尊重、以诚相待的基础上进行合作。临走前，柏格理握着老七的手说：

“再见，我的朋友。我很尊重你。但我要说老实话，我发觉你每天都生活在恐惧之中，内心没有平安。请允许我再一次请求你信仰耶稣，耶稣会赐给你平安。”

老七哈哈大笑：“朋友？对，你说的没错，我们是朋友。我愿意多买你的药品，那还真他妈管用。至于你说的耶稣，一钱不值。”

3 月 13 日，柏格理一行来到大官寨（今威宁县小海区松山）①，拜访安荣之。闲谈中，柏格理谈到在牛棚子土目禄祯祥家时，老七吹嘘说，除了花苗他不屑于动手之外，经他手所杀的彝族、汉族人总共不下三四百人。他问安荣之，老七说的是不是真的。安荣之回答说大概不会错。柏格理很惊讶：“他这样无法无天，难道威宁州官就不敢过问吗？”

安荣之笑了：“这有什么稀奇？我还敢把威宁州官用拴狗的绳子拴在家里呢！”柏格理说：“你吹牛！你怎么敢这样？”安荣之看着柏格理，慢腾腾地从床底下拿出几串铜钱，对柏格理说：“这不是我拴州官的绳子吗？”在座的人都被他逗得笑了起来。

安荣之告诉柏格理，因为苗族人经常进城找外国人，弄不好会耽误地里的庄稼。再说了，他还有另外一个担心，这些苗族人和城里人混熟了，就难免变得偷奸耍滑不服管教。他问柏格理，可否屈尊搬到他的领地来住。只要柏格理愿意，他就情愿赠送他一块地给教会建房屋。

听到这些话，柏格理和他的同伴都如释重负。因为他们太需要一块地了，但是他们没有买地的钱。柏格理知道这是耶稣在亲自帮助他们。斑疹伤寒、热病、白喉、麻风病……这些让人望而生畏的传染病，这些可怕的幽灵似乎正在向模糊的远方退去。

3 月 15 日，柏格理一行来到今赫章、威宁交界的大街和可乐之间的

①一说是今威宁县雪山镇新街。

一个苗族地名叫“卯年俊”的地方。柏格理问大家：“你们看教堂、学校修建在这里行不行?”王道元回答：“这里离昭通太远，路上又要经过两条河。夏天雨季河水上涨，来往很不方便。”

安荣之接着建议柏格理去看距他家约50里外的一块地。柏格理在山中跋涉了整整一天时间，累得筋疲力尽才走到那里。第二天他调查发现这一带存在严重的部族冲突。于是他又带着人到其他地方寻找。结果，大伙在一处山间发现一大片平坦的土地。每个人都很满意。但当柏格理去见安荣之时，安荣之说自己的一个儿子正预备在那里安家盖房子。

3月27日，安荣之最后决定赠送给柏格理和教会60亩土地。签过正式协议，柏格理高兴地派遣身边的传教士返回各自苗寨，传递这一好消息，鼓励大家团结起来，修建属于苗家人自己的教堂。

1905年3月29日，天气清明，景色一新。柏格理一行兴致勃勃地来到这个叫石门坎②的地方。他们跨过一条极其普通的山间小溪，小溪的源头是从远处陡峭的山坡上跌落的一条瀑布。接着又踏上一条由110级粗糙破损石级形成的山道。山道崎岖不平，山道的两边是高达几十米的山岩，看起来好像两扇打开的石门。石级的顶端是一片长达3公里的60度的斜坡。斜坡的一边是急落直下的峡谷，另一边没入无边无际的丛林之中。

柏格理站在那里，仰头望去，天格外蓝。随行的人告诉他，前面蜿蜒数十里的山岭被当地人称为野鹰梁子，后面高高隆起的山岭名叫猴子岩。看那陡峭的劲头，柏格理想，哪怕是猴子也很难越过。

山道的两边生长着灌木丛。虽然已是春天，这里到处还有没有融化的积雪。冰柱挂在路边的树枝上和灌木丛上；黄色、白色、红色的乌蒙大叶杜鹃在荆棘丛中含苞待放；迎春花开满了整个山坡……

柏格理亲自请来家住石门坎偏坡寨的张武(教名张约翰)的父亲张光启和潘显两位老人，又派人去请梭嘎的王胜魔和木槽的王得道一起商量。王道元先开口，他觉得石门坎比过去看过的都好。首先是交通方便，这里是昭通往镇雄入川的必经之地，西北距昭通约70里路，东北距彝良

②柏格理把石门坎这个地名翻译成Stone gate way。

县城约 120 里路，东南距贵州威宁约 280 里路。其次，这里地处滇、黔、川三省交界，是乌蒙 10 万花苗居住地的中心位置。第三，因为坡下有一条小溪常年不干，水源相对充足。第四，这里蕴藏着储量丰富的优质露天无烟煤，煤层离地表非常近，天冷的时候可以轻易地开采出来。因此教堂和学校修建在石门坎比较合适。在场的其他苗族人士都觉得王道元说的有道理。

于是大家一致决定在石门坎建立乌蒙山苗族教会第一座教堂和学校。

如今，随着科技的发展，你可以很方便地对石门坎做一次模拟旅游。登录谷歌网，输入地图下载，把地球贮存到你的电脑中。然后随着鼠标的移动，你就可以把我们这个蔚蓝色的星球轻松地转来转去。首先找到我们伟大的祖国，然后深入到她的西南部，在贵阳和昆明之间找到两个城市——威宁和昭通。沿着卫星地图上威宁到昭通的公路，把地图放大，你会找到一个用拼音标出的一个叫中水 (Zhongshui) 的地名。从中水一路向北，你必须把地图不断放大，越过一处处山岭和一道道沟壑，当你的眼睛快要承受不了时，在乌蒙山的最高处，有一处山麓上标记了两个红色的小字——石门。

我们没有钱

土地有了，现在，又一个困难呈现在柏格理的面前。他们想开始动工兴建房屋，但又缺乏一样东西。苗族传教团的历史就是不断遇到困难和面临考验的故事。一个困难刚刚被克服，另一个又突然出现。他们现在正面临着资金的困难。柏格理在《苗族纪实》中写道：

> 我们现在正面临着资金的困难。我手头没有款项，而传教社团又没有苗族工作经费。①

没有什么困难能难倒柏格理。他用极其坦率的态度，把所遇到的困难告诉苗族信徒，并激起了他们的强烈反响：

> 他们决定由他们自己解决这个问题，方法是由每个家庭的每个成员捐出100文钱来。对此种境况的人来说，这真是一项高尚的决定。他们之中的一些人确实太贫穷了。在这片土地上，他们必须为教会提供自己的房屋，我则在这些房屋里工作，所有建筑，包括墙壁、窗户、门、屋顶、楼上和楼下全部加起来都不值五个先令。灾难时常降临到这些人头上，一场恶劣的气候就会导致颗粒无收，他们之中的许多人从来不知道着着实实的一顿饭是什么样子。饥饿、苦难、死亡是普遍现象。他们的小孩子一开始就面临低落压抑的人生。②

柏格理在这一年6月13日的日记中写道：

> 在回家途中，某夜我们曾住在一座小小的苗寨里——许多群众带着一些可爱的儿童于早上赶来。一位70岁的老婆婆给了我70文钱。这些钱，是她们自己在礼拜日聚会上所募集。
>
> 王（指王道元——本书作者注）和我在马厩上面的一个角落里就寝。夜里，一头母牛就在我们下面产了小牛，而我们睡得竟如此香甜，全然不知道发生了什么事情。

在12个月的时间要结束时，柏格理收到的捐助已达100万文钱。柏格理似乎来到了使徒时代。他记起保罗在《哥林多后书》中所说的话：

> 就是他们在患难中受大试炼的时候，仍有满足的快乐；在极穷之间，还格外显出他们乐捐的厚恩。③

①②引自《在未知的中国》，第118页。
③引自《圣经·哥林多后书》第8章。

修建教堂

1905年春，柏格理利用收到的捐款开始在石门坎修建一座教堂、学校兼用的建筑物。这个只有几户人家的荒凉山村一下子变得热闹起来。柏格理从昭通请来汉族老师王玉洁负责财务会计并协助苗族人购置建筑材料；李司提反协助杨雅各和张约翰担任翻译；汉族木匠刘四负责房子的施工；汉人王老太爷负责购买粮食；王胜魔负责看守并做饭。同时安排苗族人杨雅各和王道元协助工作。钟焕然、杨雅各着手负责准备汉字班的教学工作，同时着手试创苗族文字和编辑苗文诗歌，为下一步创制苗文打下基础。傅正钟同刘中五负责到苗族村寨巡回传教和处理日常事务。

工作安排得井井有条。钟焕然后来回忆说：

> 我们新到时，大家挤在苗族的茅屋里，矮小狭窄的房屋人畜同居，苦不堪言，我们都很难受，而柏格理牧师怡然甘之。
>
> 柏牧师每遇一事，必须调查仔细，了解全面的事实，对立双方的观点，多方分析，不凭片面的言辞，不用主观的意志处事。而且他处理交涉事情时总是抱着和平的解决问题的态度，预先考虑可能达成的效果。尤其遇事镇静，料事明确。至于谁胜谁败，孰是孰非，他从不介意。
>
> 柏牧师用人做事，知人任事，量才试用，弃人所短，用人所长。好几次有人向他说同工的短处，他听了马上回答说："每个人都有缺点，但你说的这个弟兄也有他的长处。"
>
> 柏牧师这样宽和对人，推心置腹，所以每个人都乐于为他效力。[①]

苗族人民蜂拥而来，为建设自己的教堂、学校出人出力。3月底，工人们在山坡上铲出了一块地基。柏格理写道：几个月前的荒坡眼下成了一片繁忙的工地。距教堂位置不远之处，烧制瓦片的工作正在全速进行。瓦匠们起早贪黑地忙碌不停。他们人数不多，但技术熟练，经验丰富。有位苗族老瓦匠集总管、领班、制模、烧火、制瓦之责于一身。他已有几十年的制瓦经验。制瓦中，他有一头强健的水牛相助。我们用大约三万文钱

①引自《中华基督教循道公会西南教区各少数民族信仰基督50年史》。

买了一头水牛,如果把牛赶进浅泥坑,它的大蹄子就会不停地踏揉黏土。干活时,传教团的水牛一圈又一圈地慢慢行走。过了好几个月的时间瓦还没有制成。在第一窑一万片瓦烧出来之前,焦虑的心情与不断的失败时时折磨着我们。

木材采伐地在沿河谷而上 30 里路以外的一个地方,位于今天的云贵乡境内。柏格理他们以不足一英镑的价钱,购买了简脚寨土目安怀茂的一片冷杉树林。那里的冷杉树高大挺拔,从陡峭的山坡直上云天。砍伐、搬运树木的工作,柏格理交给王道元负责。人们回忆当时的情景时说:"为了赶时间,搬运木头时,两天并一天,一天往返一百六七十里是家常便饭,不觉得劳累。空身返回时,三步并两步飞快地你追我赶,汗流浃背、湿透衣裳也毫无怨言。"

地基修好之后,4 月份开始修筑教堂的土墙。教堂的后墙直接靠着山体。工人自上而下将山体修整平直。在前墙,开有两个窗户和一扇门。

土墙筑好之后,便装上了屋顶的檩条。由于瓦片迟迟没有烧好,人们暂时在屋顶覆上茅草。这座小教堂可坐 350 个人。当小教堂落成的时候,苗族人真是欢天喜地,因为现在他们终于拥有了一个完全属于他们自己的"上帝的家"!

5 月,传教士们分头出去,请四面八方的苗人来石门坎读书信教。李司提反负责给苗族青年男女教书讲道,李约翰负责教小孩读书识字,王道元于百忙之中回了趟家,带来他 7 岁的大儿子来石门坎读书,寄宿在石门坎上寨亲戚潘显家。孩子的名字是柏格理去王家时给取的,叫"王明"。李约翰老师很喜欢这个聪明伶俐的孩子,给他改学名为"王明基"。

在 1905 年 5 月 14 日的日记中,柏格理写道:

> 在一所稻草顶的房屋里,我们举行了石门坎的第一次礼拜。我教给他们《十诫》。第二次礼拜有 150 位男子和 60 名妇女参加。今天,一位苗族人找到我说:"我愿意永远为你做事。不惜变鸡变狗来报答您。您对我怎么说,我就怎么做。"

柏格理告诉她:"你不用感谢我。要谢,就谢那爱你们的上帝。"

花苗历史上第一所学校

1905 年 8 月，乌蒙山花苗终于有了历史上第一所学校，校舍就是他们修建的、初具规模的小教堂。教堂的墙壁外面刷上白石灰，站在群山的高处，十几里以外都可以看到，形成当地颇具特色的景观。

他们住在石门坎小村寨一所茅棚的角落里。苗区同胞生活素来清苦，卫生习惯极差，不洗脸、不理发，吃饭无桌凳，人畜共处一室，一些汉族同工颇有怨言，然而柏格理却心甘情愿。

6 月，柏格理和李司提反把家搬进还没有完全建好的小教堂。他们拥有了一间特殊的卧室：把几块木板架在靠近屋顶的两根横梁上。每天夜里，柏格理沿着梯子爬到他的床上。小教堂的上部围墙还没有修好，四面通风。天晴的时候真令人惬意，躺在那里就能看满天星斗。一旦下雨，就别提有多狼狈。草盖的房顶，满屋漏雨。柏格理记不清有多少次和李司提反夜半起来，抱着已经淋湿的被褥，下到地上，萎缩在床板下面，看是否能找到一块没有被淋湿的地方。

为了便于学生读书，教堂的长板凳制成两种规格，较高的和较宽的长板凳作为白天的课桌，较矮和较窄的供学校儿童上课时坐。窗户乃昭通传教团驻地遗弃已久的旧窗户，经修补后安上。上面镶有四块玻璃，记不清还贴有多少小格的窗户纸。

所有学生都自带干粮，在小教堂泥屋地筑起的火炉上做饭。第一班是成人扫盲班，主要招收成年学生。这一班的大多数人后来都成为苗族教会的中坚力量和学校老师。他们是：杨雅各、张约翰、王胜魔、王经、张夏禹、王道元、朱褆、朱彼得、王银头、张慈、朱约翰、张得救、张马太、王西拉、杨秀、杨信、张高、王成宗、黄司提反、熊马可等，王道元的儿子王明基也随班学习。

这些学生中，王西拉已年近半百，信主以前贪好杯中物，常喝得烂醉如泥。他还相信端公，惯用巫术治病骗人，开始读书以后，自己下决心把酒戒了。他非常用功，和青少年同学拼比学习，掌握了不少汉字，还能流畅地阅读《圣经》。

向罪恶宣战

在修建教堂的同时，以石门坎为中心，柏格理不停地对方圆100公里内的苗寨进行巡回访问。他在这一年6月21日的日记中写道：

现在，有200个苗寨需要定期进行访问，对于我来说，这项任务太艰巨了。

柏格理的方法是先派苗族布道员运用民族、亲戚关系，深入各个村寨宣传、访问。接着，柏格理制定严格的巡回工作日程，带上苗族、汉族同工一个月又一个月不间断地艰难跋涉。不分刮风下雨，白天沿着陡峭、崎岖、布满碎石块、坑坑洼洼的小径，在高山深谷间弯弯曲曲地前进；晚上住进简陋的苗家窝棚，吃过人们给他们准备的简陋的食物后，就马上教闻风而来的人们读书识字、传福音。

柏格理吃惊地发现人类已经进入了20世纪，可是苗族人还保留着人类早期群婚制的残余。而酗酒，也是苗族人一直停留在蒙昧状态的重要原因。在他去的大多数苗寨的村口，都有一间有着特殊用途的草屋。草屋用粗糙的原木做框架，以树枝和树叶当围墙，把杂草盖上去作屋顶。苗族人亲切地称这个草屋叫"宿寨房"。女孩子只要到十多岁，她们的父母就任由其晚上去"宿寨房"，和她们喜欢的男人住在一起。这种风俗在历史上给苗族人民带来了巨大的伤害。

基督教无法容忍这样的罪恶。在苗家人的帮助下，柏格理大刀阔斧地拆除他所看到的每一个"宿寨房"。在柏格理抵达苗寨之前，作为对他真心欢迎的表示，苗家人已经开始自己动手拆除"宿寨房"。但偶尔也会有一些例外。1905年3月的一天，柏格理在几位苗族人的陪同下走访了一座村寨，远远就看见一座松散的木结构的大房子站在村口迎接他们。柏格理知道这是间"宿寨房"，因为没有哪个苗家人的房子有这样大。于是，当着全村人的面，柏格理和他的同工将"宿寨房"夷为平地。后来，中国内地会安顺普安县等堆苗族教会《永久示垂》碑在总结苗族苦难历史时说：

窃惟人民之盛衰，亦因风俗之美恶而已。未有伤风败俗而使人民兴盛，未有人民兴盛而无醇厚之风也。故世界愈进化，则风俗欲臻完美。移风易俗自古而然。唯我同族殊属反是，一切颓风败俗积千百年之习俗牢不可拔，一致败我同族暂归淘汰，良可叹也！

考我同族发源最早，实为中国之最先居住者，降及今日愈趋愈下，恶俗遍行，实为不堪言状。其俗为何？淫风是也。此种恶俗，实为世界所鄙。伤风败俗，其此为甚。唯我族中不以为耻，反以为荣，全无廉耻。[1]

柏格理积极地鼓励他们从这种恶习中走出来。每到一处，他都要带领信徒读《圣经》上的话：

神的旨意就是要你们成为圣洁，远避淫行。要你们个人晓得怎样用圣洁、尊贵守着自己的身体。不放纵私欲的邪情，像那不认识神的人一样。

农历五月五日，苗族一年一度的盛大节日快要到了，要破除旧的习俗，必须用新的更吸引人的活动满足人们的精神需求。为此，柏格理做了精心安排，并为节庆取了一个新的名字——同乐会。

英国传教士张道惠[2]专程赶到石门坎来帮助柏格理。

同乐会过节这天，天气晴朗。前来参加活动的有2000多人。在教堂做完礼拜后，人们成群结队地来到附近一块平地。在这里，姑娘、小伙子举行了各式各样的体育活动。柏格理写道：

我们进行了两人三腿赛跑（每组两人，把一人的左腿与另一人的右腿绑在一起）、独轮小车赛跑、单足跳赛跑、蛙跳赛跑及许多其他项目的比赛。拔河赛尤为精彩。对于这些游戏人们无不感到新鲜，个个玩得尽兴。他们跌来撞去，兴致盎然！茶点之后，我们放留声供大家欣赏，接着又放幻灯。那天活动结束之时，大家异口同声地肯定了这次节日活动的巨大成功。[3]

①引自《“窄门”前的石门坎》，张坦著，云南教育出版社，1992年版，第176页。

②张道惠原名哈里·帕森，英文名是Hurry Parsons。

③引自《柏格理在中国》，第46页。

五镑小屋

石门坎建起小教堂以后，接着又盖了三套共九间房屋，作为汉族传教士、教师及学生的宿舍，也接待从很远的地方赶来做礼拜的兄弟姐妹。石门坎从一个只有十几户人家的小村落变得热闹起来。

苗族人知道柏格理希望在石门坎有一个属于自己的家，这样他就可以把埃玛和孩子接来。于是他们自告奋勇出钱出力为柏格理修建了一所房子，耗资约五英镑。柏格理亲切地称之为"五镑小屋"。

这是一座很小并且经济简便的建筑。它充分利用了山坡的地利之便。此处没有一块大到足以盖房的平地，人们就将靠山的一边向下挖平，利用空间因陋就简地把山体当做后墙。

房屋分为三间，隔墙由黄泥筑成。当中的一间最大，派上的用场也最多。这一间和东面的一间各开有一扇小小的玻璃窗。第三间则只有一道门，门的上部开了一扇窗户。

1905 年 8 月，石门坎迎来了几个特殊的客人。埃玛带着两个儿子和埃瑟尔·丝奎尔小姐来到石门坎。他们从昭通出发，一直行进在忽上忽下、似乎永远也走不出去的山谷之中，走了整整 8 个小时。天气特别潮湿，几个人都被雾淋透了。晚上，虽然很疲倦，埃玛还是兴致勃勃地参观了自己的卧室。

分给她和柏格理的卧室是五镑小屋中间的那一间。一张床放在屋子的一角。柏格理给妻子介绍说，这张床只有在晚上 10 点以后到第二天早晨属于他们。在白天，这张床还有更大的用场，所有人的衣服、雨衣、椅子、铜钱、报纸、书籍、香肠盘子、面包、拖鞋、草帽等都要放在上面。晚上，要上床睡觉时，他们必须耐心地将堆在床上的东西一件件拿起来，移到另一个地方。

床边放着一张特别粗糙的桌子，桌边摆着两条从小教堂借来的长凳。桌子的一半用来就餐，另一半放着盛满药品的瓶子。孩子们从柏格理口里知道埃玛喜欢鲜花，当时正是杜鹃花和百合花开放的季节，孩子们采来很多鲜花，把小餐桌装扮得分外美丽。

在他们床铺的前面，摆了几个书架，书架上的书籍堆积如山。《福音书》、《赞美诗》、《劝世文》、钢笔、墨水、铅笔、纸张、信封、练习簿、图画、明信片等都堆在上面。学生们被允许随时可以走进小屋，浏览成排成排的书籍。

书架的旁边紧挨着的是传教士的化妆室。镜子、脸盆、刷子、木梳及毛巾，都被安放在这里。孩子们一有钱就跑来买书，柏格理总是随手把收到的铜钱丢在脸盆里。

走了一天的路，埃玛有些累，她坐在床上，感觉褥子很潮。柏格理很抱歉地告诉妻子，由于这里时常下雨，屋子后墙又是山体，渗出的潮气非常厉害。因此每隔两三天就必须把所有的东西搬出来晾晒，而且还要看天气好不好。

那天夜里，石门坎以自己独有的方式欢迎埃玛的到来。埃玛和孩子刚睡下不久，就被一阵狼群恐怖的嚎叫声惊醒。

由于他们的屋子刚刚修好，窗户还没来得及安上。埃玛从墙上预备安窗子的缺口望出去，有几十对绿莹莹的眼睛在漆黑的夜色中晃来晃去。

埃玛冷不冷

第二天，一些同工发现柏格理早早地就从屋里走出来，在屋子外面转了一圈。走回门口时，他把双臂伸向天空，双手夸张地在空中做了几个比画的动作。

李司提反很惊讶，问："老师，你一大早出来，用手在空中比画是什么意思?我以前怎么没见你这样过?"

柏格理满面笑容："我在用手量气温，看看埃玛应该穿多少衣服。"

从此，柏格理爱老婆的故事在苗族人中传开了。不管埃玛走到哪里，都有苗族人笑着问她："埃玛师母，你冷不冷?"

在1905年那个美丽的夏天，埃玛，这个来自南丁格尔家乡的护士，给石门坎的苗家人带来了一个让他们欣喜若狂的礼物——牛痘。

他们在石门坎的家成了远近闻名的牛痘接种室。每天，都有几十、成百的人赶到这里，柏格理在他的日记中写道：

> 那天前来接种的人很多，我们只得把教堂也当做诊所使用。先为妇女儿童接种，而后再为男人接种。尖叫声、哄笑声响成一片！两名助手为我们的"遭难者"清洗手臂，另有三人准备开水，我们则忙于接种。孩子们对此十分喜欢。有一个孩子竟在走后又返回，并问我们他的另一只手臂是否也须如此接种。[①]

埃玛的到来，把他们的家变成了孩子们的天堂。几乎每一个晚上，虽然早已过了休息时间，但是他们的床上还坐满了孩子。他们让埃玛继续给他们讲故事，教他们识字、唱赞美诗。有一次，由于柏格理第二天一早还要外出布道，实在忍不住了，随手拿起一把扫帚比画着想把孩子轰出屋子，没想到却正中顽童们的心意。一个40多岁的外国老顽童和一群孩子在屋子里追逐着，欢笑着。埃玛坐在床上，身边挤满了孩子，看着这一切，笑得合不拢嘴。

在《苗族纪实》中，柏格理充满感情地回忆道：我和埃玛，总是很高兴在家中看到他们——上帝心中的花朵。在苗族人中全部工作的最令人愉

①引自《柏格理在中国》，第47页。

快的部分就是一直在孩子们中进行的工作。没有人能像孩子们那样对我们彻底敞开心扉，而他们又是那么喜欢埃玛和我！难怪主耶稣对孩子们那样迷恋。

在我把《圣经》翻译成苗文，叙述到耶酥抱起一个孩子，并以小孩为例教导门徒，在天国里的正是像小孩子这样的人时，我的苗族助手坚持要我在译文中加上“亲”这个动词。我解释说没有这个情节。我的苗族朋友说：“一定有，耶稣肯定亲了那个小孩子，他不可能不这样做。”

“于是耶稣伸出双臂抱起孩子，并用嘴亲了他……”我的朋友一边向我表演经文内容，一边说道。

千真万确！传福音的工作若只是在成人中开展，而不去激发孩童的热诚，那么，迟早有一天它要归于失败。无论任何人，只要永远热爱小孩子们，就是对我主耶稣的爱戴。②

由于身体不好，埃玛不得不暂时回昭通。走的那一天，孩子们牵着埃玛的手和衣服，走了很远一段路。埃玛劝孩子们不要再送了，并保证第二年一定会来看他们。突然，柏格理看见有三个小家伙把脑袋凑在一起，热泪盈眶。因为有一段时间看不到他们心爱的埃玛老师，孩子们竟然这么难过。

②参见《在未知的中国》，第143页。

那日那时没有人知道

随着福音在石门坎的传播，柏格理又遇到了一些麻烦。有一个名叫杨老大的苗族人，以前是当地一个很有名的巫师，认识主耶稣以后，他很快发现自己可以利用耶稣赢利。他跟柏格理及其他传教士生活了一段时间，偷偷地学习他们的传教方法。终于有一天，他一个人跑了。他跑到远离石门坎的一些村寨，声称自己是传教士的代理人，拥有准许任何人加入教会的特权。有一个苗寨，竟有二百余人被他蒙蔽。他将他们领到一个池塘边，就在那里为他们施洗，并且向每位接受洗礼的人收取一笔高额费用。这件事之后不久，杨老大突然染上了天花，一命归西。当地所有人都认为这是上帝对一个骗子实施了审判。

还有一个问题需要认真对待：关于耶稣很快就要再度降临的谣言，正通过种种方式在苗寨中传播开来。一些苗族巫师和会唱赞美歌的妇女充当起预言家的角色，基督将要出现的几个日期被宣告出来。有些苗家人竟然相信了这些预言，他们丢下自家的农活，不停地唱赞美歌，坐在那里等待耶稣的到来。还有一帮人上到一座阁楼上，点亮灯笼、火把彻夜等待，时时刻刻盼望上帝的出现。

每次讲道，柏格理都不厌其烦地告诉听众："那日那时没有人知道。"

柏格理认识到，要让苗家人真正地了解福音，必须有属于他们民族语言的《圣经》。但是，虽然有超过5000年的历史，苗族人却还没有属于自己民族的文字。于是在杨雅各、张武的帮助下，柏格理开始尝试，根据苗族的语音为苗族人创制文字。

永难忘记的日子

1905年11月5日，星期天，乌蒙山苗族人民历史上永难忘记的日子。在他们到昭通找到柏格理一年零四个月之后，他们的小教堂正式完工了，苗族教会成立了，苗族历史上第一所学校也于同一天正式成立。

为保证教学质量，柏格理专门从昭通请来汉族老人、清朝举人刘映三先生担任小学校长，请昭通著名书法家王开阳（王四）老师教孩子们书法。

整个乌蒙山区都欢腾了。人们都在祷告上帝赐给他们一个好天气。但星期五整个晚上都在下雨，星期六还是阴雨不断。到了星期天早上，天开始降雪并伴有雨水。道路处于可怕的状态之中，又滑又脏，异常难行。柏格理试着走了一里路，就滑倒了好几次。

苗家人没有被寒冷、大雪、泥泞所吓倒，大多数人在星期六就赶到了，其中一些人在高山河谷间整整跋涉了三天时间。所有人的腿上都沾满了泥巴，女人的裙子都被雨淋湿了。

由于没有足够的房子安排他们，大多数人只能在山坡上铺上毛毡，睡在雨雪交加的寒夜里。可人们的心情还是分外激动，赞美的歌声一夜都没有停过。

早上5点钟，柏格理和同工们就早早起来。他们离开人群，来到一处安静的地方，跪下来向上帝祷告，祈求全能的上帝洁净他们的心灵，赐给他们力量和勇气，使他们能够胜任在这个特殊的日子里上帝交给他们的工作。

吃过早餐，柏格理来到小教堂，发现有2000多人聚集在那里。人们全换上了随身带来的干净衣服。每一个女子都穿上了他们民族节日的盛装，梳上好看的发式，每个人都笑逐颜开。柏格理说："这些女子们比我所见过的任何其他中国女子更为漂亮！"

每个人都神情激动，他们在等待着，等待着受洗那神圣的时刻。

流泪之泉

根据同工会议的决定，他们要从几千名信徒中筛选出 100 个人来施洗。靠着圣灵的带领，他们抵挡了在一天之内给两三千人施洗的诱惑。他们拒绝盲目追求人数的庞大。苗族教会的目标是渐进而实在的发展。在任何情况下，柏格理都不愿贸然走到圣灵的前面。

柏格理心里对和他一起工作的汉族传教士充满了感激。虽然他们经常会出些差错，他们的看法也经常带有很大的局限性，但是在苗族信教运动刚刚开始的那几个月，没有一位固定的英国同工帮助柏格理。如果没有当地传教士的帮助，许多工作永远无法开展。

正是这个原因，柏格理特别安排李司提反负责对所有参加洗礼的候选人进行初选。只有经李司提反确认是耶稣真实信徒的人，才能进入教堂。

神圣的时刻就要到了，柏格理却犹豫起来。在等待了 18 年之后，他终于迎来远远超过他所思所想的大丰收。在过去的岁月里，每次只要有几个人受洗，他就会高兴得欢跳起来，而现在的小教堂外面挤了 2000 多个渴望受洗礼的人。

丰收的喜悦是如此巨大，柏格理简直无法控制住自己，真想坐下来痛哭一场。

李司提反先领进来 12 个人，九个男子，两位妇女和一个孩子。第一个走进来的是王道元，王明基紧紧地拉着爸爸的手跟在后面。所有的人柏格理都很熟悉，他们是朱彼得、王西拉、张约翰、朱马可、王得道、王胜魔、潘显、朱高汉（女）、王基甸、张英（女）。

11 个大人和一个小男孩站在那里。柏格理用苗语一个挨一个地问他们两个问题：

“你愿意接受洗礼吗？”

“我愿意。”

“你想成为神的孩子吗？”

"我愿意。"

一开始柏格理很紧张,感到自己都快要站不住了。但随着人们一个个清晰、响亮、肯定的回答,仁慈的上帝不断地赐予他力量,他的内心开始充满了喜悦和安详。

张道惠和昨天才从昭通赶来的埃瑟尔·丝奎尔小姐站在柏格理的旁边帮助他。柏格理问他们说:

"请问,可以开始了吗?"

两人齐声回答:"感谢上帝,我们已经准备好了。"

柏格理开始为这12个人施洗。每一个受过洗的人都流出了喜悦的泪水。他们齐声朗诵《圣经》中的一段经文:

> 我们既受洗与耶稣一同埋葬,也就在此与他一同复活。我们从前在罪恶中死了,神赦免了我们一切过犯,便叫我们与耶稣基督一同活过来。

刚刚受洗的这11个成人组成苗族第一个基督教会, 负责为教徒施洗和教会的日常管理工作。在人们的掌声中,他们走上讲坛,坐下来,面对着信徒。接下来,由同工把其他渴望受洗的人带进教堂,每次10个人,站在讲坛下,首先由李司提反向他们提问,接着接受柏格理的提问,最后接受台上11个人的测验。

柏格理回忆道:

> 一些小伙子的回答特别精彩。不由使我以抚爱的目光打量着他们充满喜悦的信心和坦诚的面容,感到兴奋无比。姑娘们也是如此,回答得十分圆满。"你热爱耶稣吗?"每一个人都说:"是的,我非常热爱耶稣。"

那天上午,有102个人接受了洗礼。

洗礼礼拜完毕后, 六七个同工开始收集人们带来的感恩日礼物,用一个多小时才把礼品全部收好。

这时,柏格理感到特别疲劳。他回五镑小屋休息了一会儿,吃了一些东西。很快又回到教堂,开始接连四个小时的礼拜。第一批挤进来的是妇女和未婚姑娘。第二批大约有700个男人，挤进平时只能容纳300多人的教堂。礼拜结束时，从屋里所有人的口里发出“我爱耶稣”的呼喊。夜深时，在场的所有人齐声唱起苗家人特别喜爱的一首赞美歌——《有一处流泪的泉》：

今有一处流泪之泉，
从主身上发源，
罪人只要在此一洗，
能去全身罪孽。
我真相信，
我定相信，
耶稣为我受害，
天父爱子这样钉死，
真是难报的爱！

我们的父亲真的要来了

午夜，柏格理回到屋里。他疲倦不堪，可就是无法入睡。他仿佛看到在自己的屋子里，在他的床上，还有一个人和他在一起。在这个寒冷刺骨的日子里，有一个人的心中充满了欢乐。

这个人的名字叫耶稣。

外面，苗族人堆起了篝火，还在不停地歌唱。柏格理听到他经常抱起的那个 13 岁的小女孩又一次唱起那首每个人都熟悉的歌：

我们的父亲要来了，
我们的父亲真的要来了……

接着，他的耳边又飘来一首歌，这首歌记述了耶稣是怎样走进苗家的故事，是用苗家的八声部唱的。

苗家人的火塘边哎，
人们在讲述着什么？
讲述着一个动人的，动人的故事哎！
耶稣基督为世人，舍了宝贵的生命，
十字架的救恩深深地
震动苗家儿女的心灵。
耶稣你为何这样？
为何为我把命舍？
都是为了为了我，
都是为了我，
为了我，为了我，为了我！！！

几个妇女唱起她们民族的《创世古歌》。柏格理感慨万分，想起从 1904 年 7 月 12 日四个苗族人踏进他院子的那一刻起，所发生的一切都不是偶然的。上帝早已垂听了他的祷告，拣选他来到中国，为一个民族传播福音。而且，主给他的恩典远远超乎他的想象。他离开了祖国，但是得到的回报不是百倍，而是像耶稣所许诺的千倍万倍。

借着那四个苗族人，上帝给柏格理这位中国通带来了最美好的礼物。他们引导柏格理进入司马迁在《史记》开篇所讲述的故事，引导柏格理去关爱中国56个民族中最需要关爱的、最为美丽的花朵。

※ 柏格理时代苗族人的典型住房（上图）
※ 石门坎居民和他们居住的草屋（下图）

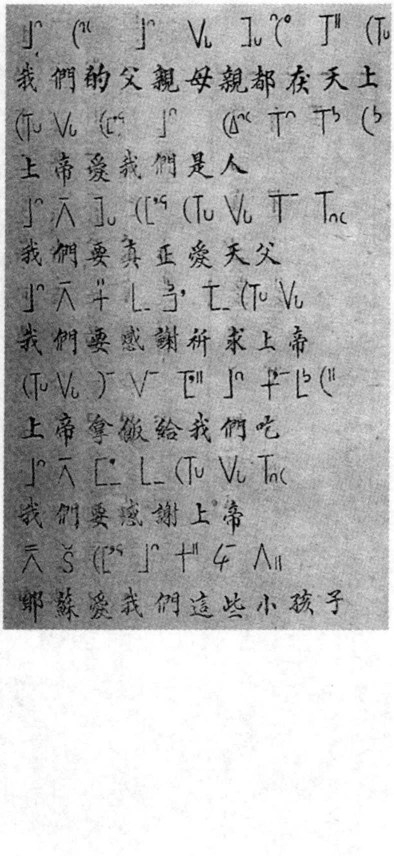

我們的父親母親都在天上
上帝愛我們是人
我們要真正愛天父
我們要感謝祈求上帝
上帝拿飯給我們吃
我們要感謝上帝
耶蘇愛我們這些小孩子

※ 1908年，行走在石门坎的妇女和孩子(**左图**)

※ 石门坎苗族教会教材(**右图**)

※ 彝族老人和她的两个孙子(**上图**)
※ 基督徒家庭的两个孩子(**中图**)
※ 银装素裹的石门坎学校(**下图**)

蚩尤君

另类的中国五帝史

荆楚的落日

武陵和五溪

乌蒙大花苗

新娘与野狼

创制苗族文字

云贵欢声

第七章 中国最美丽的花朵

蚩尤君

距今约5000年前，在中国黄河中游一带，就有1万个以上大大小小的部落，其中三个部落最为强大，它们是：正在没落的神农部落，酋长是炎帝神农氏；新兴起的有熊部落，酋长是黄帝公孙轩辕；强悍善战的九黎（东夷）部落，酋长是蚩尤君。

他们共同的祖先是伏羲氏。伏羲氏生活在距今天约8000年前。伏羲氏根据阴阳变化创造了八卦，创造了鱼网，教人渔猎和饲养牲畜，还创制了简单的文字。

发生在5000年前的一场战争是中国有史记载的最早的“三国演义”。《史记·五帝本纪》中说，蚩尤部落首先发动了战争。那时的黄河不叫黄河，叫浑水河。蚩尤部落北渡黄河，侵入炎帝的地盘，战争爆发。炎帝抵挡不住，向西北败退，遭遇黄帝部落，战而后和，组成炎黄部落。

双方打了七年的仗，黄帝败了70多次。可是黄帝屡战屡败，屡败屡战，最终在涿鹿一战击溃蚩尤部落。

历史是不是这样，今天很难考证。汉人编的历史对蚩尤总是极尽侮辱。翻开今天的《新华字典》：“蚩”的意思是“痴愚”，“尤”的意思是“尤其”。“蚩尤”的意思很明确，极其痴愚、顽固的人。而苗族人称呼“蚩尤”为格蚩尤老。格是词头，语气词，“蚩”是氏族名，“尤”、“尤老”的意思是老爷爷或尊敬的部落长老。

苗族没有自己的文字，但他们有自己的传唱历史。他们把自己民族的历史写成歌曲世代传唱。要了解这场战争的真实情况，我们有必要知道苗族同胞是怎样说的：

古时苗族住在直米力[1]，建筑城垣九十九座，
城内铺垫青石板，城外粉刷青石灰，
城里住着格蚩尤老和格娄尤老。

直米力城建在上一方，直米力城啊直米力城，
平又平来宽又宽，大坝子一望无边；
人们年终进城游一周，欣赏城内好风光，
房屋成排起在平原上，排排高楼乘双行，
屋顶高耸入云层，瓦块明亮映蓝天。
利磨城筑在下一方，利磨城啊利磨城，
宽又宽来平又平。
甘骚卯毕[2]掌管利磨城，异族要来侵占这里啰！
格蚩尤老格娄尤老，召集七族能人来商议，
大家推选甘骚卯毕管军务。
甘骚卯毕领兵训练七昼夜，整编的队伍集成三大坝，
队伍强大人人精神抖擞。

甘骚卯毕率兵进直米力，来到直米力城，
格蚩尤老格娄尤老，走廊上把队伍检阅，
满面笑容挥手致意。
掌军的甘骚卯毕啊，铁铜连枷夹在胳肢窝，
阅完率部镇守大丫口，到处是深山箐林黑森森，
甘骚卯毕统兵勇猛阻敌人。

①直米力：苗语直译，地名，指一个宽广平坦的大平原，传说在河北一带。
②甘骚卯毕：苗族将领，在利磨城一战中牺牲。

敌兵遭到痛击退回去报,直米力是富饶的地方啊,
怪的是攻不破来打不进。
格米[3]派差假装来学话,育秧苗通称什么?
苗族说叫阿优篙,
差使来把情况摸清楚后,
回去一一向格米作汇报。

格米二次调兵打苗民,
遭到甘骚卯毕的阻击,敌兵转向利磨城方向攻,
甘骚卯毕把敌人诱入夹岩沟,敌人陷入危谷进退难,
甘骚卯毕率领队伍,手握连枷首先把敌人打,
如同渔翁捞鱼往岸上抛,敌兵抵挡不住撤回根,
利磨城是块肥沃的地方,可惜攻不下来打不垮。

格米施展美人计,将两女嫁给苗家做诱饵。
到了卯和辰月间,敌方人马连绵不断来,
白天到晚不见尾,夜间走直达通宵。
格蚩尤老格娄尤老,召集七族能人来商议,
格米出兵包围城垣啦!那边墙脚生棵葡萄藤,
强汉扶老携幼顺藤攀,爬刀乌爪[4]去把身隐。
格蚩尤老格娄尤老在山上,雨淅淅沥沥下个不停,
烈日炎热随他照晒。

沙昭觉堵敖军队狠,成千成万打击追赶,
追了七天七夜不回程,两位老人呼喊求救,
天上炸雷回响震天地,乌云弥漫遮盖刀乌爪,
沙昭觉堵敖思虑难对付。
两位老人率部脱离险境,迁到米城这里来驻防……

③格米:指黄帝。
④刀乌爪:苗语译音,地名,指一个石头堆垒起的山,也可译为积石山。

沙昭觉堵敖不死心,又派大军攻米城,
格蚩尤老格娄尤老,田坝庄稼熟得黄,
将进唇边莫得吃,异族兵丁攻打太激烈,
实在抵挡不住啦!
带着家眷拖着队伍,迁徙来到小米坝,
饥饿无情地袭来,没法抵抗强敌兵,
急忙朝着远方迁,来到黄河岸边不能渡,
使出全力与敌拼一仗![5]

黄帝的部队像蝗虫一样漫山遍野向他们猛扑过来。

风急浪高,黄河的咆哮声惊天动地。老人和孩子的哭喊声撕人心肺。蚩尤君率军拼死抵抗,小蚩尤带队在黄河边寻找渡河的办法,场面异常惨烈:

战火过后想法渡黄河,先撵黄牛过河被冲走,又赶猪儿过河也被冲,
赶马过河也无指望啊,唯有水牛过河稳当当。
牛背挂着条条粗绳索,强汉渡河把绳索岸边套,
来人靠绳索登得救过了河,大部分绳索划到河中断,
滔滔江水吞噬我族数万人。[6]

小蚩尤在乱军中找到蚩尤,蚩尤全身是血。小蚩尤劝蚩尤赶快撤退。蚩尤一脚将小蚩尤踢翻在地,大吼一声:“小蚩尤!以后全族全靠你了。你快点给我滚!”话声未了,蚩尤君冲向前去,挥舞兵器,冲向敌人。

为保护自己的民族撤退,蚩尤和格娄尤老力尽被执。黄帝再三劝降,蚩尤英勇不屈,在今天山东阳谷一带的黎山被杀害。蚩尤戴过的枷锁,掷于大荒之中,化为火红的一片枫林。

几千年后,蚩尤的一位后人这样怀念自己的先祖:

身既死兮神以灵,
魂魄毅兮为鬼雄。[7]

⑤⑥引自《苗族古歌》,潘定智、杨培德、张寒梅编,贵州人民出版社,1997年版,第276页。
⑦引自《楚辞·国殇》。

另类的中国五帝史

胜利后的炎黄部落，聚合了众多的部落，定都涿鹿。中华文明从此发扬光大，进入中国历史上的五帝时代。

据说黄帝在位一百年，在这一百年中，中国没有盗贼、没有殴斗，人际之间谦让和睦，风调雨顺，每一年都是大丰收。最使人惊奇的是，连虎豹都不胡乱吞噬其他动物，苍鹰飞鹞都拒绝捕捉地上的鸡鸭。总而言之，中国一开始就是一个乐园。

战败的九黎部落的一部分融入炎黄部落，成为黎民。有一些可能向东北方向逃离而进入朝鲜半岛和日本，成为朝鲜族和日本大和民族的远祖；另有一些甚至很可能跨过白令海峡抵达美洲，成为印第安人的祖先；还有一部分渡过黄河，迁徙到黄河和长江中游一带，他们在洞庭湖与鄱阳湖之间的地方定居下来。这里土地肥沃，气候温和，经过了几百年的开拓发展，逐渐强大起来，在长江淮河流域形成了强大的三苗部落。[①]

五帝中的第四帝尧在称帝前是唐部落（治所在今山西临汾）的酋长。中国历史记载，尧是位宽厚仁慈的帝王，接近他的人都会感到他像太阳一样温暖，远望他就像云霞一样灿烂。

尧处处为黎民百姓着想，不把国家当成自己的私有财产，决心挑选一个贤明的人来继承自己的王位。当时位于蒲版的虞部落（治所在今山西永济）的舜以孝闻名天下，于是尧把自己的两个女儿娥皇和女英嫁给他，经过一段时间的考察，尧决心把帝位禅让给舜。

尧在位的一百年期间，发生了空前可怕的大灾难。公元前 2297 年，天不停地落雨，河流泛滥，山洪暴发，房屋家畜和田地都被淹没，中国成了一片汪洋，百姓大批溺死饿死，残存下来的人逃到高山上嗷嗷待哺，这是中国第一次的大悲惨时代。尧任命夏部落（治所在今河南禹州）酋长鲧治水。

大约就在鲧带人四处治水的时候，尧决心让天下给舜。大约在公元

①参见《世界苗族迁徙史》，石朝江著，贵州人民出版社，2006 年版，第 71 页。

前2285年，尧主动退位，放逐了自己的儿子丹朱，把王位禅让给舜。

尧舜禅让是孔子极力标榜的中国历史上的第一次禅让，因此使那个时代成为中国儒家知识分子梦幻般的精神家园。《礼记》上说，夏禹以前的社会是天下为公，选贤任能，讲究信誉和平，没有掠夺和欺诈。人们老有所养、壮有所为，鳏寡孤独也有人照顾。生产的东西归大家共同所有，劳动时不出力气被认为是可耻的事情。所以当时的社会夜不闭户、路不拾遗、盗贼不兴，连部落首领都相互谦让。

历史真的是这样吗？

《韩非子》说唐尧欲传天下给舜，而夏部落的首领鲧进谏；《吕氏春秋》说鲧欲为三公，因此被舜杀于羽山。

柏杨说，舜抨击鲧治水无功，尧在舜的坚持下，宣布鲧应负起治水失败的责任，派人到羽山（今山东临沭南），把仍在辛苦工作的鲧就地处决。[2]

屈原也为鲧鸣不平。他在《离骚》中写道：

> 鲧婞直以亡身兮，
> 终然夭乎羽之野。

说鲧是因刚正不阿而遭遇不测。

对尧让位于舜的做法持不同意见的还有三苗部落的首领。《山海经·海外南经》郭璞注说："昔尧以天下让舜，三苗之君非之，帝杀之。"

尧让天下给舜，三苗之君也不同意。于是舜借口"三苗复九黎之德"，说三苗图谋不轨，率军征伐。胜利之后，"流共工于幽陵，以变北狄；放驩兜于崇山[3]，以变南蛮；迁三苗于三危[4]，以变西戎；殛鲧于羽山，以变东夷"。舜硬是凭借武力把这些失败者从长江流域强行迁徙到中国西北。

柏杨在《中国人史纲》中谈道：

> 这是儒家学派所津津乐道的第一次"禅让"，坚称伊祁放勋（即尧——本书作者注）自动自发，非常愉快地把帝位传给舜。

舜可以杀死鲧，但他杀不死蔓延于中国的大洪水。而夏部落是当时唯一拥有水利工程技术的部落，没有人能够代替。舜不得已，只好同意尧任命鲧的儿子大禹继续他父亲未完成的工作。

②参见《中国人史纲》，柏杨著，山西人民出版社，2008年版，第55页。

③崇山在今湖南有两处，一是大庸市崇山，一是湘西的花垣县崇山。在湘西苗族中有一支系叫"仡雄"，他们奉驩兜为自己的祖先。

④三危一说位于今天的甘肃敦煌一带，另说在青海南部终年积雪的积石山下一带。李建国、蒋南华先生在《苗楚文化研究》中持这种观点。苏涟先生认为三危在西秦岭叠山北部一带。作者认为驩兜和三苗是属于三苗国的两个部落，其中三苗的一支被流放到三危。苗族学者杨世武先生认为流放到三危的一支据《苗族古歌》记载主要是三苗国的军人。

禹治水13年，结婚第四天就离开了新婚妻子，三过家门而不入。

舜在去世前的第17年，学习尧的方式，把天下禅让给禹。这是儒家学派所津津乐道的第二次“禅让”，称舜跟他的前任尧一样，也是自觉地、非常愉快地把政权移交给禹。

如果事情真是中国儒家宣扬的这样，那就需要我们具备特别公正和宽容的品德才能理解当事人的作为。毕竟，从某种意义上说，舜正是禹的杀父仇人。

舜101岁南巡时在途中去世，去世后葬在苍梧山（今湖南境内的九嶷山）南侧。据说他的两个妃子娥皇和女英知道他的死讯后，一路向南寻找，边走边哭，眼泪掉在竹子上，竹子都染上了斑点。然后，娥皇和女英就跳到湘江里殉节了。

有人怀疑舜死在征伐三苗的途中。柏杨在《中国人史纲》中也提出疑问：

> 姚重华（指舜——本书作者注）在位四十八年，就在第三十三年时，历史重演，姒文命（指大禹——本书作者注）挟着治水成功的威望，达到了当年舜达到的地位。公元前2208年，舜恰一百岁，不知道什么缘故，他孤独地深入蛮荒，跑到南方一千公里外的险恶的九疑山（湖南宁远苍梧山），并且死在那里，埋葬在那里。天子的宝座落到大禹之手。黄帝王朝灭亡。⑤

讲求个人修养，内圣外王的中国儒家，把自己的理想建立在“人之初，性本善”的基础上，煞费苦心地把中国远古史打扮得洁白如雪。然而只要我们有心，就能在那粉刷一新的墙壁上看到历史的斑斑血痕。

⑤引自《中国人史纲》，第57页。

荆楚的落日

舜去世之后，大禹根据洪水泛滥、九河急需疏通的现实，改变执政方略，联合三苗、商等部落共疏九河，把华夏联盟的大兵，一齐开去治水。大禹这一举动，不仅让全国人民，也包括自己的对手三苗，都非常感动。

纵观几千年中国历史，每到整个民族危急关头，中国各个民族和各个政治团体不管有多大的分歧，不管兄弟间打得怎样头破血流，总是能放下争议，团结起来，众志成城，共渡难关，这是我们民族能屹立几千年不倒的根本原因。

治水成功后，大禹感到三苗已经坐大，对自己的统治业已构成威胁，立即调动大军向三苗发起了灭绝性的攻势，双方恶战70天，苗族首领被大禹手下大将一箭射死，三苗被彻底击溃。史书上这样来描述这场战争的惨烈：

> 三苗之亡，五谷变种，鬼哭于郊。①
>
> 三苗将亡，天雨血，夏有冰，地坼及泉，青龙生于庙，日夜出，昼日不出。②

这一战，三苗的有生力量基本上被消灭，部落联盟彻底瓦解。从此以后，中国史书上再也没有出现过有关三苗的记载。

三苗战败之后，再一次向南迁徙，他们退到今天的鄂西、湘西、川东一带的崇山峻岭中，有的甚至溯汉江而上进入四川北部和陕西南部。

他们已经远离了祖先的故土，但战祸却如影随形，商周王朝都不断对三苗后裔进行讨伐。从土地肥沃的平原湖沼地区迁徙到环境恶劣的崇山峻岭，这个伟大的族群毅然不屈不挠地适应环境，改头换面，顽强生存，重建自己的家园。经过夏代400多年的休养生息，到商、周之际，三苗后裔又逐渐形成了一个新的庞大部落集团，这就是史籍记载的"荆"、"荆蛮"、"荆楚"。

楚国王室的先祖是五帝中的第二帝高阳帝颛顼。高阳是黄帝的孙子。高阳的一个后人名叫季连，受封于芈，于是以芈为姓，楚国王室就是

①引自《论衡》。

②引自《古本竹书纪年》。

季连的直系后代。

到了季连的孙子辈，家族中落。季连的后人有时在中原一带做些事情，有时还深入南方蛮夷之地谋些营生。司马迁在《史记·楚世家》中告诉我们，季连之后“或在中国，或在蛮夷，弗能记其世”。

商朝末年，季连的后人鬻熊拜周文王为干爹，为周朝开国立下了汗马功劳。“芈氏”家族重新兴旺起来。周成王时，鬻熊的子孙熊铎受封于楚，楚国开始立国。

楚国一开始只有方圆 50 里地，但经过长期经营，后来发展为天下强国，春秋时期，名列春秋五霸之一。到了战国时期，楚国人口约 500 万人，占中国总人口的差不多四分之一，兵强地广，威震天下。

楚国王室虽然自称是高阳帝的后裔，但楚国的主体民族是三苗的后裔。华夏族称呼他们为“荆蛮”，所谓“蛮”就是“苗”的转音。定居荆楚之后，楚国王室很快通过“和亲”政策和苗族人民融为一体。等到楚文王熊渠当政，已深受长江汉水间老百姓的拥护。他自己在心理和精神上也和中原文化的距离越来越远，完全视自己家族和三苗是一家人。

楚悼王任用吴起变法图强，但到楚怀王时，在和从西方崛起的秦国较量中已是处处落败。《苗族古歌》里这样唱道：

沙兆玖帝敖，到底会盘算，
武打的不赢，便来攻心战。
派人来议和，派人来谈判。
划定管辖区，互相不侵犯。
凡事讲道理，从此永休战。

革缪耶劳受欺骗，从此不再把兵练。
沙兆玖帝敖，乘机诱他去交谈，
说是要立约，大家保平安。
谁知入陷阱，革缪一去不回还。

略微知道一些中国历史的人都看得出来，“革缪”不是那个被秦王欺骗的楚怀王,还能是哪个?

诗人屈原出身楚国王族,成年后奔走楚国各地,采写苗族人民祭祀时吟唱的歌曲,部分流传到今天,就是《九歌》,其中有一首《云中君》,有人考证就是专门纪念他们的远祖蚩尤君的:

灵皇皇兮既降,猋远举兮云中。

览冀州兮有余,横四海兮焉穷。

译成现代汉语是:云神辉煌啊降临下界,忽又远翔啊升到空中。俯瞰中原啊一览无余,横越四海啊无穷无尽。

公元前223年,秦国灭楚。楚族和苗族人民中有一部分,第三次长途迁移,向西南方向逃入武陵深山穷谷之中,宁愿与鸟兽共处,也绝不投降。

武陵和五溪

武陵位于湖南中西部和贵州东部一带崇山峻岭间。秦昭王使白起伐楚，侵略南蛮，始置黔中郡。汉高祖五年，改为武陵郡。

苗族先民终于在易守难攻的大山之中找到了自己的喘息之地。不过他们已经大伤元气，只能回复到极其原始的刀耕火种的生活，但他们没有条件抱怨，只能低下头来，再一次重建自己的家园。三国两晋时，中原长期战乱，诗人陶渊明听到了这些遗民的消息，他把自己的见闻记录在他的千古名篇《桃花源记》里：

> 晋太元中，武陵人捕鱼为业。缘溪行，忘路之远近。忽逢桃花林，夹岸数百步，中无杂树，芳草鲜美，落英缤纷。渔人甚异之。复前行，欲穷其林。
>
> 林尽水源，便得一山，山有小口，仿佛若有光。便舍船，从口入。初极狭，才通人。复行数十步，豁然开朗。土地平旷，屋舍俨然，有良田美池桑竹之属。阡陌交通，鸡犬相闻。其中往来种作，男女衣着，悉如外人。黄发垂髫，并怡然自乐。
>
> 见渔人，乃大惊，问所从来，具答之。便要还家，设酒杀鸡作食。村中闻有此人，咸来问讯。自云先世避秦时乱，率妻子邑人来此绝境，不复出焉，遂与外人间隔。问今是何世，乃不知有汉，无论魏晋。

古往今来，大多数中国人都认为陶渊明在《桃花源记》里所描写的世外桃源是他凭空想象出来的。但《桃花源记》所描写的地理情况就是贵州喀斯特地貌的实际状况，那里高山流瀑，到处都看得到地下河流和天然巨大溶洞，往往从很小的洞口进去，里面豁然开朗，仿佛另一个人间世界。《桃花源记》里描写的那些农人，从他们的话语和衣着情况看，正是在秦末逃难到武陵一带的苗族人的后代。

退让和忍耐并没有给他们带来永久的和平。他们开垦的土地刚开始有了收成，他们的家园刚开始变得迷人，中国封建王朝又开始没完没了地对他们实施讨伐和横征暴敛，苗族先民一次又一次反抗，一次又一次被镇压。武陵也没有平安了，于是，他们成批成批地再一次向西南方向，向生存状况更为险恶的“五溪”深处败退。

这是苗族先民的第四次大迁徙。

“五溪”，是指今日沅江中上游的巫水、渠水、㵲水、酉水、辰水五大支流。流经区域是今川东、鄂西、黔东南、桂北一带的崇山峻岭。“五溪”之一的㵲水，在贵州境内又叫㵲阳河。发源于贵州瓮安的垛丁，流经今天的贵州黄平、施秉、镇远、岑巩、玉屏等县，在湖南黔城与从托口奔泻而来的清水江、渠水一起汇入沅江。

苗族先民由东而西、由北而南开始迁徙：一部沿㵲水、清水江而上，经湖南西南部进入贵州；一部从武陵山脉的北端向西，顺酉水南北二源而上，经湖南西北部而入鄂西、川东和黔东；一部溯渠水、巫水而上，经湖南南部进入广西，再从广西溯都柳江北上迁入贵州东南部和南部。

山高谷深，鸟不飞渡，兽不敢临。天无三日晴，地无三尺平，林深雾重，瘴气横行。生存条件极其恶劣。在这样的条件下，他们再一次运用自己的双手重建家园。他们在水边、在山坡上建起一个个苗寨，搭起一座座吊脚楼。在悬崖峭壁上开凿出层层梯田。

其实他们也可以和他们的一部分同胞一样，选择投降。按照中国文化的精神，对真心投降者，除首要分子外，不会不给予出路。但他们是他们民族的死硬分子，决心学习他们的先祖蚩尤，绝不妥协。他们是伏羲的后人，长期生活在中国，并创造了灿烂的“九黎”和“荆楚”文明，他们在历史上也吸纳融合了来自中原的许多郁郁不得志的优秀人物。即使多次败退逃亡，按理说他们也不应该忘记文字。根据他们的民族古歌记载，他们原本是有自己的文字的。他们本可以建立学堂，没有纸张，他们可以把文字刻在树上、石板上，但他们没有。我们很难理解他们为何要熄灭民族的希望之光，主动地放弃文字，甘愿走向蒙昧。极有可能他们的文字和汉语很相近，他们也许是以这种极端的方式保持自己民族的独立性而不被同化。

但也许正因为有了他们的这种牺牲和坚守，中国才保有这样一朵最为古老美丽的花朵。

谁能说苦难没有意义？

乌蒙大花苗

当东部苗族在不断南迁的同时，被舜强行迁徙到“三危”的那支三苗后裔也开始长途迁徙。

这支苗族是三苗的精锐部队，所以舜迫使他们远远离开自己的族群，把他们从南方放逐到几千里外的西北。但在那里，他们也没有安宁，不久就又被舜强行肢解。在长达几千年的时间里，他们一路向南迁徙。迁徙的大致路线是：从叠山以东今甘肃徽县、成县一带翻越终年积雪的西秦岭，进入岷山山脉。其中一部分与羌人融合，大部分继续南行，进入汉水流域，再辗转到达川南筠连、叙永一带。

唐宋元明时期，居住在贵州东部的苗族再一次分批向西南方向迁徙，进入贵州安顺、黔西南直到云南东南部文山地区和滇南。与此同时，居住在川南筠连、叙永一带的苗族又遇兵荒马乱，开始迁入云南东北昭通一带和贵州大方、黔西境内，迁徙到贵州境内的苗族再从那里慢慢迁居到贵州威宁可乐河谷和乌蒙山麓石门坎周围，最后沦落为彝族土司的奴隶。

这个在中国大地上差不多流浪了5000多年的伟大民族，终于精疲力竭，任人宰割，从此他们以贵州为大本营，散居云贵高原。

虽然他们都尊蚩尤为他们的祖先，但由于在长期流浪中，各个支系之间很少来往，又散居各地，语言和生活习惯都产生了非常大的差异。于是人们根据不同地方苗族人民不同的衣着打扮，给他们取了不同的名称。清末传世的《百苗图》一书记载了苗族的100多个分支，用图画画出了他们各自的特点。

从“三危”来到乌蒙山的支系，他们节日的盛装是模仿他们以前战袍的样式，羊毛织的大氅上有红色的大花刺绣图案，像古代兵士穿在身上的铠甲，因此被称为“大花苗”。“大花苗”约有10多万人。

“大花苗”在古歌中这样吟唱自己的历史：

我们这支苗族啊，是从战火中走过来的，但因敌人太强大，所以我们只好东跑西颠。最后，我们只好把丢失的房屋兵器绣在坎肩上，把走过的江河湖泊与秀丽风光绣在裙子上。同时，把仇恨埋在心里，把事实写成诗行，把历史放在每个人的头脑里。①

他们是伏羲的后人，他们最先学会农耕，最先学会种稻，最先学会制作陶器，最先学会用青铜制造兵器。他们曾经是头可断，血可流，气不可夺的兵士，最后他们只能龟缩在乌蒙山中，上无片瓦，下无立锥之地，虎狼为伴，结绳刻木，刀耕火种。千百年的战争，千百次的失败，磨平了他们的斗志，他们敢于驱虎逐豹，却又甘于做牛做马，实在忍受不了了，便一担挑了全家，连夜逃走。

柏格理的同工王树德在《石门坎与花苗》中这样描述他认识的花苗：

一代又一代的花苗人，为失去自己的土地而遭受痛苦，被汉族、彝族认为是"大地上无所作为的一群人"，只适于充当他们的农奴和奴隶。由于内向和恐惧，加之被这些更为强大的邻居所包围，苗族就失去了维护自己权益的能力，他们只好屈服于农奴的身份，变成领主的私有财产。花苗人居住在人迹罕至的、要穿过浓雾才能到达的群山顶部，一见到他们，就给人一种身心憔悴的感觉。他们生活在"沮丧的深渊"之中。②

虽然他们贫穷、不太节俭、不愿意斗争，但他们纯朴、慷慨、诚实、可爱。他们是世界各种族中的一员。③

贫穷和失败早已深深地毒害了他们的身心，但他们依然抱着一线希望，希望在这个苦难的世界上找到爱和希望：

普天下土地宽又广，没有我们爱着的，我们爱的是有良心的人。④

1903 年，几个外出打猎的花苗终于在安顺遇到一个从心底爱他们的人。这个人真诚地告诉他们一个好消息：虽然在世人眼里他们是野蛮的、肮脏的、贫穷和没有价值的，但在一个名叫耶稣的人的眼里，他们却是最为珍贵的宝贝。

①引自《川滇方言苗族的古史传说》,《贵州省志民族资料汇编》第 5 集。
②引自《在未知的中国》,第 396 页。
③引自《在未知的中国》,第 394 页。
④引自《苗族古歌》,第 276 页。

新娘与野狼

柏格理在1905年12月6日的日记中写道：

在一个地方，我发现一年前还挺热心的苗族人现在却失去了他们的激情，倒退了回去。看来很清楚，如果想在这些人之中进行有成效的工作，就必须建立教堂和开设学校。愿上帝能开启一条道路，并指引我们。

1906年2月11日，他写道：

我们决定派一些苗族人进行巡回传教。挑选出了9对人，我们把他们托付给上帝。没有钱送他们，只提供少量的书，如果他们在那里受到冷遇，就可以用卖书的钱来购买食物。他们对于这次传教旅行，兴奋异常。

柏格理意识到，要使信徒长期保持热情，教会必须以石门坎为中心，在乌蒙山深处建立更多的小教堂。因为做到每次在高山峡谷中跋涉100里地，来石门坎参加礼拜，对人们实在有些艰难。

柏格理需要更多的同工来帮助他。他在写给英国教会的信中说：

我们需要更多的工作人员。但必须强调的是：质量重于数量。你们送来的人必须清楚自己来中国是出自上帝的召唤，而且对工作必须全心全意。

1906年春天，张道惠去昆明和安妮·布莱恩[①]结婚，他们的新婚旅行是从昆明到石门坎的长途跋涉。

新婚夫妇住的度假宾馆就是刚刚修成的五镑小屋。一对新人拥有五镑小屋其中的一个房间。这间房非常潮湿，到了冬天特别寒冷。尽管房间如此简陋，新娘子没有浪费时间去发牢骚，而是以一种勇敢的气概面对现实。她脸上挂满笑容，过得非常愉快。她用自己的双手尽可能把房子打扫干净，在屋里墙壁上挂上她带来的《圣经》故事图画。

柏格理很心疼安妮·布莱恩。因为他觉得让一个新娘子生活在随时可能患上风湿病的阴暗、潮湿的稻草顶房子里，每天晚上听旷野野狼的

①英文名是 Annie Bryant。

咆哮，对她来说很不公平。于是，他说服张道惠最好带着新婚妻子先外出旅游一段时间。张道惠征求安妮的意见，安妮回答说："帕森，亲爱的，你是问我的意见吗？我哪里也不去，我就喜欢这里。"她笑着用手指了指地上："我爱石——门——坎！"

安妮 1904 年来到中国，在从上海到重庆的途中，不幸染上天花，住进了湖北宜昌的教会医院。病好后来到昆明，在医院工作。和埃玛相似，在那里她遇到自己的病人，也就是后来的丈夫帕森。

来到石门坎，安妮很快就能说一口流利的苗语。她的新房里从早到晚都挤满了妇女和儿童，请求安妮教他们读书识字，给他们讲述耶稣的奇妙故事。

与此同时，安妮还是石门坎小学的英语老师和生理卫生老师，给苗家人传授有关家庭卫生、照料婴儿等方面的知识。

安妮从小生长在英国农村。她发现，石门坎一带海拔有 2400 多米，贫瘠、寒冷的山岭粮食产量极低。大多数苗家人终日在地里辛勤劳作，可是到了冬天一家人还是免不了饿肚子。1906 年，安妮把高产洋芋品种引进到石门坎一带。之后，安妮还引进了一些蔬菜、水果品种。

1906 年春天，石门坎还迎来了另外一位美丽的英国女士莉莲·玛丽·格兰丁。

被称为"人民挚爱的医生"的格兰丁，1876 年 11 月 25 日生于英国泽西岛的圣赫里埃（位于英吉利群岛）。她共有六个姊妹，两个哥哥夭亡。格兰丁的父母都是虔诚的基督徒。格兰丁毕业于泽西女子大学，后来又到金巴拉大学进修医学。毕业后成为英国泽西郡的第一个女医生。这时，她受到上帝的感召，决心到中国去。为了更好地为中国人民服务，她又进修了牙科、妇产科和眼科，并在伦敦学习热带病学。

1906 年，格兰丁 30 岁，她来到中国云南，在昭通福滇医院工作。每月她都要来石门坎一次。每当她来的时候，那些即将分娩的妇女就发现自己是这个世界上最幸福的人，因为格兰丁会亲自照看她们。

靠着这些勇敢、无私的苗族、汉族和外国同工，1906 年，教会在云南彝良县咪吲沟，威宁长海子、幺店子等地都建立了教会和学校。长海子位于石门坎东南方向，距石门坎约100公里，在今天的贵州威宁黑石头区。

柏格理在《苗族纪实》中这样描述：

6月10日。早饭后，群众开始集合，足足有1000多人——我们两次要把人安排进教堂，但都很拥挤，搞得筋疲力尽，还是没有成功。

在长海子的小教堂准备启用做礼拜之前，有许多困难必须克服，实际上在墙壁尚未建成的时候它就开始使用了。顶架的全部木椽已经备好，而足足有三分之一的墙还没有筑起。大约有1000名群众赶来参加，但每次最多只能容纳三四百人进入教堂。

在上午的礼拜中共有49个人受洗礼。其中有几位青年妇女，当我们第一次到长海子时，她们刚在寨子里建成了一座“宿寨房”。现在，她们热爱耶稣，而那一切都过去了。

在今天受洗的人中，有一些人，他们过去一直生活在罪恶之中。我们当初来到长海子村寨所做的第一件事，就是亲自拆毁那些名声很糟、成为从前苗家村寨祸源的“宿寨房”。一所“地狱之屋”的毁灭与一座“上帝之家”的建起，带给我和其他同工无穷的欢乐。

洗礼仪式之后，我们安排了这里的第一次圣晚餐礼。当皈依者们一个接一个地领到小块荞麦面包，并饮用小茶杯的茶水时，他们中的大多数人闭上双眼，呼吸平静，谦卑与充满爱戴地向热爱所有人的仁慈的耶稣祈祷。

今天参加聚会的中国人来自汉族、彝族、苗族、布依族四个民族，加上我这个英国传教士，五个民族的人们聚会在一起，共同敬拜伟大的上帝。

我的心情是如此高兴，而且我相信上帝也和我们一样高兴！[②]

②参见《在未知的中国》，第14页。

创制苗族文字

苗族祖先蚩尤和黄帝在黄河流域争战的时候，正是汉族所谓仓颉造字的时代。后来，以苗族为主体的楚国创造了灿烂的荆楚文化，所以苗族在古代很有可能拥有自己的文字。但以后频繁的战争和迁徙，中断了苗族文字发展的正常过程。后来他们退居苗岭，散居云贵，与野兽处，从此，经历了长达几千年的蒙昧时期。苗族人只有本民族内部交流使用的口头语言，而没有自己的文字，仅为后人留下了许多传说和作为古代文化孑遗的若干符号。他们大多数人不懂汉话，更不认识汉字。

由于苗族人不识字，经常受到官府官员、彝族土司的作弄、盘剥。这些人到了苗寨，随手拿出一纸公文，开口闭口就是“公事，公事”。由于不识字，听到是官府的公事，随便来人提什么要求，任何人都不敢反对。

为了提高苗族的文化水平，让苗家更好地信教读书，柏格理下决心为苗族创制文字，并用创制的文字把《圣经》翻译成苗文。

事实上，最早开始苗文创建工作的是中国内地会安顺教区的亚当·党居仁。早在 1903 年，党牧师就和贵州六枝郎岱张雅各、张马可等苗族信徒潜心研究，尝试创制一种苗文。经过一番努力，党牧师决定试用罗马文字母拼写苗语。由于苗族人学起来很吃力，因而一时推广不开。1905 年，基督教会在黔西北、滇东北一带苗族中迅猛发展，但苗族信徒没有属于自己语言的《圣经》，学习、传播起来很不方便，更别提理解其精义了。

党牧师看在眼里，急在心上。他在安顺举办了罗马文培训班。很快，信耶稣的各个苗寨都掀起了学习罗马文的高潮。与此同时，党牧师还用“罗马文苗语”翻译了一些《圣经》小册子和《赞美诗》供给各地教会使用。但因为学习起来很吃力，所以效果不是很理想。

柏格理真是一个有心人。早在 1904 年，苗族人找到他学习时，他就拜来自石门坎雨撒湾 22 岁的杨雅各为师，昼夜不离，学习苗语。在这一年 10 月 12 日的日记中，柏格理就提到了他对创制苗文的探索：

为了给苗族人创造一种文字性语言，今天，我进行了一次试验——用我自己的辅音和元音去配他们的发音。到目前为止，进展还算顺利，但是我怎样才能设法区别出不同的声调呢？

开始，柏格理用罗马字母创造了一套拼音文字，但这套文字在苗族中行不通，不能用。柏格理意识到用罗马字写法不是很妥当，原因是笔画复杂。他认为必须减少笔画，使一般村妇都能写能读。

1905年，柏格理会同汉族老师李司提反、钟焕然和苗族老师杨雅各、张约翰等共同研究创制苗族文字方案。柏格理先试制出一套模式供大家讨论，结果行不通。后来再次开会，集思广益，终于确定方案：能表达苗语发音规律，每字笔画不超过六画，易学、易懂。

经过一番研究，大家最后决定，选用据说是由苗族祖先则嘎老、娥赞时代创造出来，保存在苗族礼服上的“+”图案和裙子上的“V”形图案作为苗文声母，选用部分拉丁字母作为韵母。和汉语相似，苗族语言是用单音节短词表达的，因此每个字都能用一个大字母即声母和一个小字母即韵母拼写而成。

声母和韵母的问题解决了，下一个难题是怎样在书写的苗文中标出声调的高低。柏格理为此苦苦探索了很长一段时间。最后还是他初来中国时学习汉语的经历帮助他解决了问题。原来外国人在学汉语时，最头疼的就是相同的字有不同的声调。外国学生往往把小小的数字，写在长方形汉字的特定的一个角上，来表示这个汉字应该读几声。受此启发，柏格理决定苗文先写大写声母，把韵母小写，放在声母的后面，以韵母在声母旁边所处的不同位置标示声调的高低。

1906年2月5日，柏格理和苗族传教士杨雅各一起开始翻译《马可福音》。在这一年6月9日的日记中，柏格理写道：

长海子。我住的苗家小屋前方长着一片桃树，旁边是一条可爱的峡谷，其中绿色的是包谷，金黄色的是成熟的稻谷。我们的小院落的正面是劈木柴的地方，后面靠着山坡泥土，不过都有木桩保护着。烧火的木柴高高地堆到了棚子顶部。附近的圈里是一些好动的猪，它们又是乱跳又是尖叫，我们就在门外边坐着学习，翻译《马可福音》，一只母鸡则静静地卧在它的篮子里。多数日子都是美丽的蓝天和友好的气氛，真是学习和休息的理想之地。

苗文的问世，是我国苗族历史上的一个奇迹。它标志着黔西北、滇东北苗族从此进入了有文字符号记载的历史时期。由于创制的苗文笔画简单，易写易记，苗族人民欢欣鼓舞。他们说，他们以前是有文字的，但因为长期战乱，原来的文字丢失了，而现在他们几千年前丢失的文字终于又找到了。

苗家人在历史上第一次出现了识字热、读书热的积极向上的好风气。

云贵欢声

1825年，云南武定环州土司李氏和威宁土目禄氏开亲，一些花苗慢慢由石门坎一带移居到云南武定。这些人保持着老家的语言和风俗，亲戚之间常常来往。他们很快就得知石门坎周围的亲友正在放弃传统信仰和陋习，并学习新知识，过上了新的生活。

1906年初，山里的苗族人派人赶到中国内地会设在昆明的传道所，邀请澳大利亚传教士尼科尔斯(汉名郭秀峰)前往他们的村寨，教他们读书识字。

尼科尔斯1894年来到中国，并一直在昆明传教，给苗族人传教对他来说很陌生。他了解到亚当·党居仁和柏格理在苗族中传教很成功，于是先到昭通找到柏格理。有几个月时间，他们朝夕相处，时而在石门坎，时而穿村走寨，传播福音。

尼科尔斯第一次和柏格理外出，就领教到柏格理的与众不同。在羊肠小道上，只要远远地看到对面有苗族人过来，柏格理立即从马上下来，把马缰绳拉紧，让到路边，对来人微微地鞠躬，用熟练的苗语说："老哥，得罪了。"

柏格理和尼科尔斯两人的天性都非常乐观，很快他们就成为好友，在任何环境中都相互打趣，寻找乐趣。

柏格理在日记中写道：

> 我们坐进粗糙的苗族小屋中最粗糙的一座，围着地上的一堆美丽、明亮的木炭火。众人头上就是被烟熏得油亮的竹顶棚。坐在火边的一位老者，痛苦地咳嗽着。猪也睡在同一间屋里。竹篱笆向夜色敞开，外面是厚厚的稀泥。当牲口进来时，泥几乎要没到肚子上。而房屋里面，则是有着火热心肠的愉快的人们。
>
> 当另一位传教士出去，到另一间房子睡觉的时候，外面突然一声大叫。原来他从一段木头上滑倒，头向下栽进了深深的泥里。
>
> 里面的其他人就笑着喧闹起来，在别人有闪失的时候，他们总

是这样做。有三四个小姑娘躺在地上,盖着张粗硬的羊皮睡着了。

1906年秋,尼科尔斯、柏格理、王道元、王西拉、王得道、朱马可、王胜魔等一起,由昭通经会泽、寻甸至昆明,又由昆明经富民、禄劝,来到云南武定县(当时叫武定州),在武定以北的洒普山一带苗区传教。洒普山是一个约有30户人家的苗寨,坐落在一座海拔约2500多米的山顶上。

尼科尔斯等人受到洒普山一带苗民的衷心欢迎。尼科尔斯随身带着一些汉文、苗文书籍,人们竞相购买,尼科尔斯还为他们提供了铅笔及书写纸张。很快这些斗大的字不识几个的山里人,不管男女老少,都开始学习汉字和苗文。

苗民们在洒普山为尼科尔斯和其他传教士修了一所房屋，泥墙草顶。尼科尔斯等人住在里面,比住在宫殿里还要兴奋。

柏格理欣喜地看到福音以神奇的速度传播开来。他留下王胜魔、王西拉、张元道、朱约翰等人协助尼科尔斯工作,自己从洒普山经长岭、寻甸、大龙潭、七棵树、万德、环州、高桥、猫街、拖纳厂、金光山到达禄丰大箐,然后经富民的麻地、耸明的牧羊返回昭通,将"大花苗"的居住之地基本上全部做了考察。

不久,柏格理第二次赴武定,沿第一次所走路线建立教会。到达武定后,柏格理和尼科尔斯等商定在洒普山苗族聚居区修建教堂,并兴办教会学校。之后,留下尼科尔斯主持筹建工作。

"传福音、报喜讯的人,他们的脚踪何其佳美。"后来,洒普山成为滇北基督教的"圣地"。柏格理传通苗族的理想一步步成为现实。

※ 潕阳河上的渡船(**上图**)

※ 百年前的苗族女孩，最右边的姑娘在读《圣经》(**下图**)

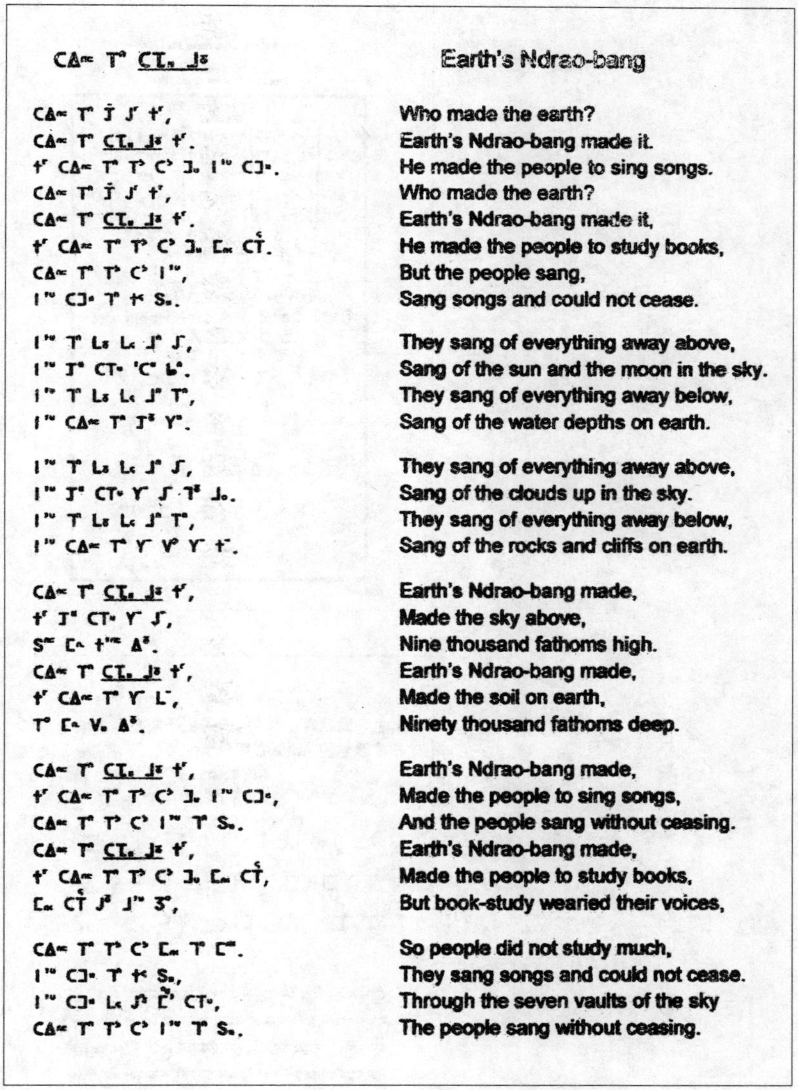

Earth's Ndrao-bang

Who made the earth?
Earth's Ndrao-bang made it.
He made the people to sing songs.
Who made the earth?
Earth's Ndrao-bang made it,
He made the people to study books,
But the people sang,
Sang songs and could not cease.

They sang of everything away above,
Sang of the sun and the moon in the sky.
They sang of everything away below,
Sang of the water depths on earth.

They sang of everything away above,
Sang of the clouds up in the sky.
They sang of everything away below,
Sang of the rocks and cliffs on earth.

Earth's Ndrao-bang made,
Made the sky above,
Nine thousand fathoms high.
Earth's Ndrao-bang made,
Made the soil on earth,
Ninety thousand fathoms deep.

Earth's Ndrao-bang made,
Made the people to sing songs,
And the people sang without ceasing.
Earth's Ndrao-bang made,
Made the people to study books,
But book-study wearied their voices,

So people did not study much,
They sang songs and could not cease.
Through the seven vaults of the sky
The people sang without ceasing.

※ 1911年，杨雅各演唱，柏格理整理的苗族古歌

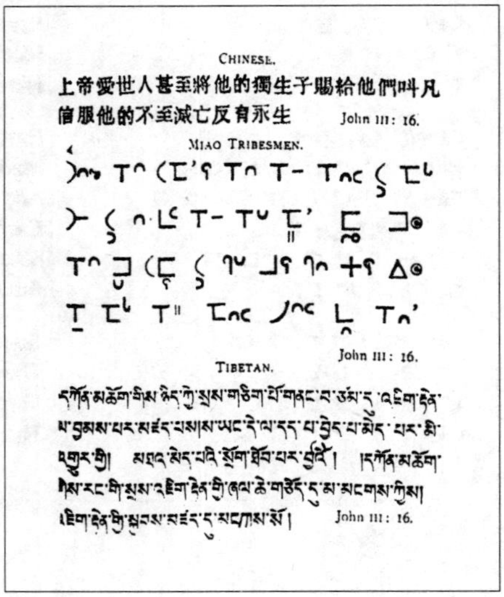

CHINESE.

上帝愛世人甚至將他的獨生子賜給他們叫凡
信服他的不至滅亡反有永生 John III: 16.

MIAO TRIBESMEN.

John III: 16.

TIBETAN.

John III: 16.

※ 最早的苗文赞美诗(上图)

※ 用汉文、苗文和藏文翻译出来的《约翰福音》第3章16节(下图)

※ 一位苗族妇人
和她的孩子们

撞击、撞击、再撞击

遭受毒打

死，还是生

容我投奔主怀中

回到石门坎

心爱中国，此身何甘留故土

第八章 毒打

撞击、撞击、再撞击

1907 年，柏格理把目光投向了昭通西北。他并不满足于在石门坎已经取得的成功，决心到这几年一直强烈反对福音的村寨布道。

1 月 12 日，柏格理和李司提反去了一个苗寨。但是寨子里的人不允许他们进去。寨老告诉他们，当地地主已下令不允许接待他们。

1 月 14 日，柏格理从云南永善茂兰乡大坪子的地主手里拿到一块珍贵的地契，准备修建教堂和学校。柏格理高兴地说："为这件事，我已经祷告了两年。"

1 月 15 日，他们想尽办法走进了一个长期都在反对福音的村寨。寨子里，没有一个人是基督徒。每天晚上，"宿寨房"都很活跃。柏格理回忆说，连孩子们见到他们都很害怕。夜里，在呛人的烟雾中，他睡在阁楼的稻草捆上。

1 月 16 日，在他们访问的寨子里，苗族老年人激烈地反对他们。

柏格理已被上帝锻造成一把坚韧的铁锤，向着目标不停地撞击、撞击、再撞击。他实施撞击的第一个步骤是专心致志地祷告。他用在祷告上的时间远远多于工作的时间。他首先是一位祷告的圣徒，其次才是一名战略家和一个执行天才。

有人问柏格理传福音的秘诀，柏格理说，第一，祷告、祷告、恒切祷告；第二，绝不、绝不、绝不放弃。

1月27日，柏格理带领10个苗族传教士，和他一起在这一带70多个苗族村寨中巡回宣讲。

3月22日，在宣道的途中，柏格理得到王道元逝世的噩耗。王道元这时正在主持咪吼沟教会的工作，两个苗族传道人韩升高、张无野在深入村寨巡回讲道时染上伤寒，卧床不起。那时人们提到伤寒，可谓谈虎色变，没人敢接近病人。王道元亲自精心护理，韩、张二人脱险了，王道元自己却不幸染上伤寒，病情严重，不幸病逝，死时年仅30岁。

柏格理为有王道元这样优秀的同工深深地感谢上帝。他责备自己没有把工作做好：

> 我们有10位苗族教士向四面八方巡回宣讲，村寨里的群众对我出乎意料地友好，我不时为此感到欢欣。然而，我没有像他们应得到的那样把他们指引好，真是有负于上帝的恩典。

他心里惦记着王道元的孩子王明基的命运。由于父亲的去世，这孩子必将面临辍学的命运。他派人把王明基接到石门坎，由他资助，继续读书。

4月初，柏格理听说在大坪子附近，一个苗语叫哈利米的苗族寨子，有几个信教的群众，受到附近汉族和彝族人的欺负，心里特别害怕。于是他决定亲自赶到哈利米，看自己能帮助那里的弟兄姊妹做些什么。

在哈利米一带，到处都散播着不祥的传闻，送信人一个接一个地赶来，向他们一次又一次地报警。4月6日，一个基督徒精疲力竭地赶到石门坎，哀求柏格理千万不要去哈利米。因为他亲眼看到一个名叫苏黑保的彝族土目，纠集了一帮彝族人和汉人，歃血为盟，决心只要遇到柏格理，就绝对不让他活着跑掉。

柏格理在日记中写道：

> 对于这些谣言，我们并未予以足够的注意。翌日我动身开始每月一次的外出传道。[①]

在过去的三年里，柏格理对威胁已经司空见惯，不把它们当回事了。

①引自《柏格理在中国》，第49页。

如果柏格理听说哪个彝族地主对他怀着特别强烈的仇恨,并公然声称要弄死他,他就会径直前往那个人的寨子,把自己送上门去面对面与对手对阵。他频繁地走访他们的城堡,往往是提着自己的脑袋进大门的。他凭自己的经验发现,通过和敌手正面接触和依靠共同的理性,总能使问题得以解决。为了信徒的利益,他要尽量争取对自己最不友善的对手。

4 月 7 日,礼拜天。柏格理主持了大坪子的礼拜,有几百人参加了聚会。村民正在筹建一座教堂和学校。

4 月 8 日,柏格理和王西拉、王马可、陶祷[②]三位苗族传道员动身前往大坪子西面 40 公里以外的哈利米。这一天风和日丽,春光明媚。

柏格理后来回忆道:

> 我感觉良好,浑身是劲,几乎高高兴兴地走完了全程。途中遇到一群孩子,其中一个背着一大捆麻类植物。我看见她实在太累,便接过了她的重负,大家一路兴奋地结伴前行。不久我们到达孩子们的村寨,停下来在那里吃午饭。屋子里有一盘石磨,装有一个长把手,需要两个人操作。一位老妇人想把一些荞麦磨成渣,但她独自又干不了这个活,于是孩子们中的一个与我就帮着往磨眼里扔荞麦,伴随着一片欢声笑语,我们帮助老婆婆磨她的粮食。[③]

②王西拉、王马可、陶祷三位的名字引自王明基先生的手迹资料,资料由王明基的儿子王文灿老师提供。

③引自《在未知的中国》,第 588 页。

遭受毒打

下午5点左右，柏格理一行抵达哈利米。柏格理与他的同工在一个基督徒家中受到热情接待，这家人的房屋由泥土和竹木简单建成，顶上铺着杂乱的野草。

简单地用过马铃薯和苦荞饭，村民们就聚集到这座简陋的茅屋中，听柏格理与布道员宣讲。黑暗中，人们在泥土地面上燃起一堆木柴火，从忽隐忽现的火焰中发出的光亮在他们面前闪烁着。因为受到恐吓，不少群众显得紧张。柏格理尽力地鼓励村民。

午夜时分，柏格理被一阵狗的狂吠声惊醒。起初，他并没有当回事，因为他熟知这里农家的狗一有风吹草动便会汪汪直叫。可是，当他打算继续睡觉时，狗叫声愈来愈紧，其中还夹杂着人的喊叫声。柏格理透过窗户边的缝隙，看见外面闪烁的灯笼和火把。柏格理还没有回过神，他们居住的房屋的门砰的一声被人一脚踢开。

一大群人，手拿刀剑、棍棒、长矛、土枪，许多人还举着火把，把屋子包围起来。接着有十几个人手持武器冲进门来，为首的一个直接冲到柏格理跟前，把柏格理盖在身上的毛毡扯起来，一把扔在地上，大声吼问："洋鬼子，你到我们这里，到底想干什么？"

柏格理控制住情绪，对这个人说："我的老哥，坐一下好吗？"

那人使劲地推了一下柏格理："洋鬼子！坐什么，滚起来，跟我们出去！"

由于毫无脱身的退路，柏格理急忙站起来穿上中式长袍。他后来这样回忆：

一出屋子，我就被一伙歹徒团团围住。火把的光投在地上，留下怪诞可怕的阴影。在这伙歹徒押着我往前走时，我往身旁瞥了一眼，想看清在我身边的是什么人。黑暗中，我发现这人个子很高，面目如凶神恶煞一般，肩上扛着一把大马刀。当他的目光和我的相接时，他朝着我恶狠狠地咧了咧嘴。后来我才知道，他就是准备好要对我行刑的刽子手。

不一会儿，走到一个稍微开阔的地方。领头的歹徒招呼大伙先停一下。三个同工在这里惨遭毒打。我苦苦地哀求他们："各位老哥，我的事情和他们三个没有任何关系，我跟你们走，但请你们把他们放了，好吗？"

接着，我被推搡着继续往前走。我竭力让自己保持冷静，想找机会逃跑。我在黑暗中拼命地祷告，我想到远在家乡的埃玛和四个孩子。生活是如此甜美，我一点都不想死。

不久，我们来到一条被当地人称为冷水河的小河边。领头的歹徒喝令大家停一下。从他们的谈话中我听出，他们中有些人提议干脆就在这里处决我，另一些人觉得离村子太近，建议再往前走一节。混乱之中，我猛地用力，把拉着我的歹徒的手甩开，使出吃奶的劲向前面跑去。我跳到河中，顺着河床狂奔。

一时人群大乱。歹徒们一边大呼小叫"快追！别让洋鬼子跑啦"，一边兵分两路。一帮人沿着上面山坡，跑到我的前面，封死了我逃跑的路。另一伙人沿着河床追打我，其中一个狠狠一拳，把我打翻在冰冷的河水里，另一个抡起一根粗大的木棍朝着我的肋部猛打。我试图爬起来，但是歹徒们一拥而上，像疯了一样，棍棒、铁枪、扁担、拳头对着我一阵狂揍。[①]

正当柏格理绝望地躺在地上，万念俱灰，只等最后的致命一击时，奇迹发生了。一个身穿羊皮短上衣的高个子男人使劲地挤到柏格理跟前，猛地扑上去，张开双臂，爬到柏格理身上。他用自己的身体挡住打向柏格理的凶器，同时大声喊道："别打了！别打了！再打要出人命啦！"

暴徒们大吃一惊，一时停下了手中的动作。其中有几个人骂那个汉子："杨世和，你快给老子起来。你不起来，我们也送你一起上西天。"

那汉子更紧紧地抱住柏格理。一个歹徒试图用手中的长矛戳向柏格理，又被那汉子移动身体挡住了。

①参见《在未知的中国》，第77页；《柏格理在中国》，第49页。

死，还是生

暴徒们将满身是血的柏格理从地上强拉起来，拖到附近的一棵核桃树下，把他结结实实地绑在树上。暴徒们举着火把，手拿凶器，将柏格理团团围住。

暴徒的首领陪着一个中年人走进来，刚才还乱哄哄的人群一下子变得鸦雀无声。这个人正是彝族土目苏黑保。苏黑保慢慢地走到柏格理跟前，问柏格理："可恶的洋鬼子，我单问你一件事，你与苗民结交来往，蛊惑苗子和我们作对，有没有这回事？你要当面给大伙说清楚。我告诉你，说不清楚，明年今日就是你的忌日。"

柏格理此时已神智恍惚。但凭着残余的一点理智，他明白，在这种情况下做任何辩驳都是多余的，只能越辩越糟。他的脑中灵光一现，用尽最后的一点力气，大声说道：

"各位老哥，我请求你们手下留情。因为我在英国还有一个老母亲，她老人家如今已白发苍苍。如果你们今天把我打死，她老人家听到这个噩耗，必然忧急而死。所以，我请求你们留下她儿子的性命，也就是救了我那老母亲的性命……"

这既不是乞怜的哀告，也不是畏死的怯懦，乃是柏格理的聪明处，因为他深知中国人以孝敬父母为至上的道德，又是重义气的民族。他急中生智，说出这番话，是想要打动匪徒的心。

中国明代先哲王阳明先生认为每个人的内心深处都有一个良知，柏格理的一番话正击中了这些暴徒心中的良知，产生了连他本人都没有料到的神奇效果。大家听了这话，大受感动，叽叽喳喳地讨论了好一会儿，最后苏黑保举起手，问他的同伙："这个洋鬼子，我们到底该不该把他打死？现在请你们举手表决。"

火光中，一伙人纷纷举起手来，大拇指向上跷，表示要饶柏格理一命，小指头往下指，表示杀了他。

苏黑保仔细点了点赞成与反对的人数。柏格理睁大眼睛注视着苏黑保，他也数了数，暴徒足有六七十人，大拇指往上跷的，占了大多数。

苏黑保对柏格理说："你这个洋鬼子，我很佩服你。你明知道我们已下定决心，要你的命，还敢自己送上门来。"他走到柏格理面前，在他肩上使劲地拍了两下，说道："好了！这一次我暂且饶你不死。不过，我警告你，以后你胆敢跨进我的领地一步，我苏某人一定让你有来无回！"

说完，苏黑保命令匪徒松开捆绑在柏格理身上的绳子，柏格理立刻栽倒在地，昏死过去。

容我投奔主怀中

乘着柏格理奋力逃跑所引起的混乱，他的三个苗族同工顺利地逃出了魔掌。他们中年龄最小的王马可光着身子，满身流血，一路狂奔，拂晓时他赶到大坪子。王马可的邻居朱某和杨某看到他的惨状都掉下了眼泪。他们当即赶往永善衙门报案。衙门的官员起初不相信王所说的话。王马可向他们发誓说，假如自己说的有一句假话，就宁愿被杀头。地方官员被王的诚意所感动，立即带兵出发去抓苏黑保。接着，王又赶到昭通，虽然完全不知道柏格理现在是什么样子，沙文医生还是马上带领一支救援队伍，昼夜兼程赶往哈利米，去营救柏格理。

苏黑保刚一离开，几个躲在林子里的苗族人就跑出来。他们跑到柏格理身边，轻轻地把他抬起来，抬到一个苗家的茅棚中。

柏格理的背上几乎找不到一块完好的皮肤，人们小心翼翼地让他俯卧在苗族人粗糙的木床上。柏格理一直徘徊在生与死之间。有一段时间，他特别沮丧，他感到自己快要死了。他想到他爱中国，他抛弃了世人所看重的一切，来到中国。他爱中国人，可是如今却落到了如此的下场。他对看护他的苗族人说："我可能不行了。如果上帝要我今晚去天堂，我怎能回避呢？"

张约翰，一位身材魁梧的苗族汉子，向柏格理俯下身来，用一只粗壮的手轻轻地抚平他的头发。柏格理感到有几滴眼泪落在自己脸上。张约翰一字一句地对柏格理说："老师，你一定不能死。你就像我们所有人的父亲。如果你去了，还有谁来指引我们，教育我们？你一定不能死，老师！如果这是上帝的旨意，就让我替你去死吧！"

柏格理俯卧的茅舍内外，挤满了苗族信徒，他们要么站在那里，要么跪在他的床前，昼夜不停地祷告。

两天之后，当夜幕快要降临时，沙文医生终于赶到了柏格理住的那座茅舍。柏格理当时已不省人事，沙文医生立即对他进行急救。慢慢地，柏格理醒过来了。他看着沙文，好久才认出他来，目光暗淡、散乱。"沙文，亲爱的，是你吗？"

"是我，撒母耳。感谢上帝，你感觉好点了吗？"

“沙文，我快不行了。你为我祷告吧。”他停了停，声音又衰弱，又沮丧，“沙文，如果上帝要我今晚去天堂，你说，我怎能回避呢？”

沙文看着柏格理的眼睛，一字一句地大声说，“撒母耳，你听着，我命令你活下去。神会救你。神帮助你，不是过去，不是昨天，现在神就在帮助你。你必须靠着神得力量。”

柏格理点点头，不说话。沙文转过身，急促地问身边人：“《圣经》，《圣经》？”

沙文拿过同工递来的一本《圣经》，翻开一页，放到柏格理的床上，示意柏格理和他一起读：

> 我们四面受敌，却不被困住；心里作难，却不致失望；遭逼迫，却不被丢弃；打倒了，却不致死亡……①

柏格理读完，沙文看到他那美丽的蓝眼睛里莹莹地闪着泪光。

柏格理俯卧在担架上，由八个苗族人轮流抬着，昼夜兼程，向昭通进发。大部分时间，柏格理都处在昏迷之中，沙文一直扶着担架、打着火把走在前面。那天夜里，沙文听到昏迷中的柏格理在嘟囔着什么。他把耳朵凑近柏格理嘴边，听到他在断断续续地低声哼唱他们在英国家乡最喜爱的一首歌。沙文医生心里很感动，于是和他一起唱起由查尔斯·卫斯理所做，卫理公会同工最喜欢的《灵恩歌》：

耶稣我灵好朋友，
容我奔投主怀中。
洪涛暴雨冲我身，
狂风激浪高千寻。
当此大难临头时，
寻求拯救勿推迟。
直到风静浪亦平，
助我依旧向前行。
疲乏灵魂来就主，
主外别无避难所。
求显慈爱赐保全，
千万千万莫离我。

①引自《圣经·哥林多后书》第4章。

回到石门坎

4 月 11 日，在昭通福滇医院，沙文医生和格兰丁医生共同为柏格理做了检查：

我发觉，他甚至轻微移动一下都要经受巨大的痛苦。他遍体伤痕，唯一躲过了损伤的部位就是他的头。他的一页肺受了伤，空气已经渗入周围组织中；有一根或更多肋骨被伤害或折断。肺脏受伤后，肺炎随之发生。如果肺部的伤再高一英寸，他就会当场死去。[①]

三个星期之后，柏格理可以忍着疼痛从床上坐起来，但他仍无法向右侧转身。即使这样他还是继续工作。5 月 7 日，他在病床上写道：

我的背仍感到虚弱与疼痛，不过身体的其他部位看来几乎已经恢复了正常。我可以利用这段时间准备《马可福音》余下的章节的翻译，所以我不能招揽过多的繁琐事务。

……

我们已经有 3000 多名苗族教会成员与大约同样数目的要求加入教会的人；三所学校与另外将要启用的两所；10 名正在接受培训的福音布道员，而我们需要的是 100 名；开设了五座小教堂，还有一座正在修建。我们总共需要 50 座小教堂。……有 50 座“宿寨房”被拆毁。我们正在给大批儿童接种牛痘……[②]

对于苗家人所遭受的苦难，如果说以前柏格理是给予同情和帮助的话，那么现在柏格理则以自己遭受毒打的经历分担了他们的痛苦。每天都有成群的苗家人从山里赶来看他。柏格理的病房像一座花园，摆满了采自山中的杜鹃花、石楠、玫瑰和金银花。

他再也躺不下去了。在医生的勉强同意下，6 月 30 日，他平生第一次坐上轿子，让人抬回到石门坎。所有看到他的人都惊喜异常。苗家人唱起欢迎自己亲人的《欢迎歌》，载歌载舞地迎接柏格理的归来：

欢迎，欢迎，欢迎呀！

欢迎，欢迎，欢迎呀！

①②引自《在未知的中国》，第 733 页、第 564—565 页。

来呀来到了，来呀来到了。

欢迎弟兄姊妹们呀，来呀来到了。

欢迎有主同在，欢迎有主引领，

平安来呀来到了。

我们欢迎，我们欢迎，

欢迎你们来呀来到了。

7月20日，他又开始骑着马，巡访一个又一个村寨。在他受伤后的首次旅行中，他就访问了一个曾经发誓永不信奉基督教的村寨。柏格理的勇气和刚毅赢得了所有人的尊重。

但遭到毒打的经历还是给他的身体带来了永久的伤害。他那永不知疲倦的身体现在时常感觉衰弱和劳累，每遇下雨，他的全身就酸痛难忍。他的神经系统也受到了损伤：

> 我希望我能够忘记那件事情。常常有时当我半夜醒来，听到外面的狗吠声，就会感到那天晚上的情景在脑海中重现，而我的心脏似乎在试图催我衰老一样以最快的频率搏动。我认定自己将于某个时间克服这种紧张不安的反应。③

③引自《在未知的中国》，第568页。

心爱中国，此身何甘留故土

1907 年底，柏格理参加完在成都举办的华西传教士大会，取道西伯利亚回到英国。见到自己的家人和几个孩子，柏格理特别高兴。长子撒母耳已长成一个 14 岁的小伙子，次子伯特伦和三子沃尔特也分别有 10 岁和 6 岁。他们的身体都很健康，在学校的表现很优异。

柏格理为了传福音而遭受毒打的经历这时在英国已家喻户晓。石门坎，这个位于中国西南偏远山区的小村寨激起了无数英国青年的冒险热情。出生于英国贵族家庭、刚获得文学硕士学位的威廉·H.哈慈佩斯①先生，一见到柏格理，听到他的演讲，就立即对他佩服得五体投地。

身在英国，但是柏格理的心没有一刻不在牵挂着中国的乌蒙山区。短短的一年之后，他就毅然告别自己的祖国，告别他的亲人和孩子，返回中国。事实上，从他 23 岁离开家乡，他只回过家乡两次，加起来才仅仅三年时间。

而这一次离开，柏格理再也没有回去。他爱中国，把整个生命献给了中国。哈慈佩斯先生自愿和他一同前往。柏格理对这个成为自己提摩太②的年轻人说："哈慈佩斯，中国是非常注重道德的民族。我替你取一个汉语名字，就叫王树德吧。"

①英文名为William H. Hudspeth。
②提摩太是《圣经·新约》上的一个人物，是使徒保罗的同工和学生。

※ 身着苗族服装的王树德牧师

第九章　阳光纯洁大地[1]

向下扎根，往上结果

1910年7月，柏格理终于回到他日思夜想的石门坎。苗族人热烈欢迎自己亲人的归来，100多个孩子早早跑到十几里外的山口迎接老师的归来。

柏格理惊喜地发现，在他离开期间，在张道惠夫妇和苗族同工的努力下，教会工作不仅没有倒退，还取得了长足的进展。1908年教会举办了两期苗文培训班，接受培训的有400多人。培训结束，这些人立即大力传播福音。苗族有一个难得的特性，当他们信了福音的时候，他们就勤勤恳恳地去教给别人。福音在云贵两省的扩展，主要原因不是由于外国传教士们的旅行布道，而是由于本地人特别是苗族人的热情传播。

在写给中国内地会贵阳教区负责人塞缪尔·克拉克的信中，柏格理说道：

> 1909年12月的统计数字为：苗族：3004名成年教会成员，699名青少年教会成员，300名走读学生，2000名主日学生；诺苏（指彝族——本书作者注）：28名教会成员，80名走读学生。究竟有多少信教者我不太清楚；对此我没有统计数字。我认为10000人不会估计过高。[2]

基督的福音已传遍了整个乌蒙山区。在王树德的陪同下，柏格理开

①"阳光纯洁大地"原为《在中国的西南部落中》第11章的标题。

②引自《在中国的西南部落中》，第66页。

始巡访整个教区。在崎岖的山路上，他们一天可以走30到40公里。柏格理骑在自己的小马“白中带黑”上，小马走在教区的道路上，像走在自己家里一样熟悉。大多数时间，柏格理都松开马缰，任小马自由行走。他有时和王树德叙家常，或者一人读一份从英国寄来的报纸。柏格理常常看到大片大片粉红色的苦荞花。他喜欢苦荞花，因为埃玛喜欢。这时，他就会特别想念埃玛。

他们每天都能碰到三三两两唱着赞美诗，背着书包上学的孩子。读书给苗家人的生活带来了从来没有过的新的希望，让苗家人过上了圣洁、干净、充满尊严的新生活。为了让孩子安心读书，父亲起早贪黑地干农活，母亲则常常毫无怨言地跋涉在山岭之间，到学校给孩子们送吃的东西。

往往在离要去的村寨还有十几里路的时候，他们就看到几个苗家人手拿弓箭和梭标，站在那里迎接他们。他们不允许柏格理再被人伤害。

远远地，他们就看到穿着苗族节日盛装的孩子们，列队站在墙壁被白石灰刷过的学校和小教堂二合一的建筑前面。一个学生高高举起自己学校的旗帜，其他学生使劲地吹起军号，热烈地欢迎柏格理和其他传教士的到来。

吃饭的时候，总有人从盘子里取出最好的部分，一个羊腿或者一个猪蹄，摆到柏格理的面前。柏格理常常咬一口，就转过身把美味塞到依偎在他身边的孩子嘴里。

饭后是最热闹的时候，孩子们早就迫不及待，早早地守在外面。随便找一块空地，王树德从他的背包里取出一个从英国带来的足球，高高地抛到空中，数十个苗家汉子和小孩欢呼着跑过来，你争我抢，直到人人精疲力竭。

柏格理毫无疑问是现代足球在中国的最早推广者之一。明知西方和日本称中国人为“东亚病夫”，柏格理在心里对这个民族却没有丝毫歧视，而是想方设法要帮助中国人民提高身体素质。在《在未知的中国》中，他充满深情地写道：

> 所有来华的西方传教士都应该在基督徒、学校和社区中致力于培养对于运动的爱好。许多年之后，如果获得世界足球冠军的球队是由中国运动员组成，将是一件多么让人振奋的事情。
>
> 引进各种各样的体育项目，除了能增强中国人民的体质，也可以大大促使中国的年轻人，无论是汉族，还是少数民族，摆脱低级趣味，过上健康、快乐、积极向上的生活。

晚上，柏格理给人们讲道，举行洗礼和圣餐仪式。圣餐由荞麦面饼和茶水组成。为了让苗家人早日摆脱酒精的诱惑，教会在举行圣餐仪式时用茶水代替葡萄酒。

柏格理问一个准备受洗的年轻人：

"你盼望将来有一天去天堂吗？"

"老师，我盼望。"

"有罪的人是进不了天堂的。你觉得你有罪吗？"

"我没有罪。"

"但《圣经》告诉我们，人人都犯了罪。"

"啊？是的。我过去是一个罪人。但当我信了耶稣之后，耶稣赦免了我的罪。"

"那你将来怎么去天堂呢？你并不知道通往天堂的路啊！"

"有耶稣带领我，我就知道去天堂的路。"

柏格理看着他，很爱这个年轻人。"我再问你一个问题。我们知道耶稣在十字架上担当了我们的罪，但那已是1800多年前的事了。在那时，耶稣能知道你是谁？你怎么知道他是为了你的罪上的十字架？"

年轻人忽闪着眼睛，张着嘴，脑袋转来转去。柏格理有些后悔问年轻人这样难的问题。突然，这个苗家孩子笑了。他的嘴张得很大，笑起来特别美丽："老师，我告诉您。本来我不知道，但耶稣给了我一本书——《圣经》，耶稣是为我的罪上十字架，耶稣就是这么告诉我的！"

活出基督的样式

1911 年 10 月，柏格理启程去接埃玛，顺便到云南武定洒普山教会访问。

柏格理发现苗族传道员已成长起来，和他们相比，甚至连他这个老传教士都感到惭愧：

> 在今天的旅途中，帮我背行李的男子是一位衣衫褴褛、外观贫穷不堪的苗族人。由于只看其外貌，我对他产生了小小的偏见。谁知，转而他竟显示出是位杰出的伙伴。一路上，他向我问了许多有关世界性的事情——美国、欧洲、俄国、印度；显而易见，他知道相当多的东西。这真让我大吃一惊！

在洒普山，柏格理见到了自己的学生苗族人杨芝。

杨芝，1875 年生，云南彝良县龙街梭嘎村人。1906 年，31 岁的杨芝从石门坎光华小学毕业，是第一届毕业生。杨芝身材细瘦，身高只有 1.5 米多一点，满脸皱纹。可他却在自己民族中享有很高的声望，他是远近闻名的苗医，也是苗族的历史学家，论知道的苗族古歌和苗族民间传说很少有人能和他相比。在成为基督徒之后，他很快有了给周围其他民族传教的愿望，为此，他学会了汉语和彝语。

杨芝的东家，一个富有的彝族土目，几次上门请杨芝到自己的城堡去做管家，杨芝回答他说：

"上帝召唤我去做一个传教士，而不是做一个管家。"

第二天，杨芝带着柏格理从这个村寨走到那个村寨。这一带居住着彝、苗、傈僳、布依、景颇等少数民族。路特别难走：

> 路上从头至尾都是稀泥和积水，有时连马匹都无法通过。有一次它摔倒了，连我也抛到地上。烂泥浆固然可怕，但更糟的是过一条河时，水竟淹到了马脖子上。道路的情况如此恶劣，使我们个个都精疲力竭，常常一小时只能走两公里。还有的地方泥浆没到了马肚子上。我从来没有料到自己竟跋涉在如此连绵不断的泥泞中。

晚上的礼拜别有情趣。讲坛正前方的泥地上插着一根木棒。木棒的顶端安放着一块石板。石板约有50厘米宽。有人在石板上堆起松木碎片,燃起一堆火。在这个古朴的照明装置旁边,放了一堆松木碎片。坐在离火最近处的人,不时抓起一把木片添到火里。每唱一首赞美歌之前,或者在无论哪个人讲话的时候,都有人把一根木棍插到火堆里搅动一下。每当这时,一股熊熊的火焰就在房中腾起,带着巨大的光彩和温暖照亮了所有人的面孔。

聚会结束的时候,柏格理看到每家的女人有秩序地走到前面,男子仍旧在歌唱。一些妇人的背上还用背带背着一个婴儿。她们一个接一个地走到石板前,弯下腰,在地上的木柴堆中拿起一根松木碎片,把它放到火堆上点燃,然后一家人一起走出教堂。

柏格理站在门外,目送着在夜幕中回家的人们走进黑暗,没入群山之中,用手中火把走成一条弯弯曲曲的火龙。柏格理抬起头来,夜色多么美好!深蓝色的夜空中,璀璨的星星就好像挂在天幕上的灯。

群山之中的景色让柏格理感到前所未有的和谐、静谧。柏格理突然意识到:天地如此美好,全能的上帝在创造这一切的时候,内心也一定充满了无限的安宁。

夜凉如水。柏格理还能听到回家的人们激情未了地唱着他们刚刚唱过的一首赞美诗:

你的生命借我表彰,
耶稣我主,万王之王;
使我能有你的形状,
随时随在,为你发光。

你的大爱借我宣扬,
耶稣我主,万王之王;
使我做你反光明镜,
将你荣美彰显于人。

你的工作我愿担当，
耶稣我主，万王之王；
全心全力由你支配，
凭你差遣决不推诿。

忧喜甘苦与你共尝，
耶稣我主，万王之王；
成为你的忠心伴侣，
一生一世跟主到底。

中国是你们的祖国

1911 年 11 月 1 日,在陪伴埃玛从越南海防返回昆明的途中,柏格理吃惊地听到一个新闻:中国发生革命,云南宣布共和。

作为中国人民的朋友,柏格理真心盼望中国早日走向繁荣富强,盼望中国真正成为各族人民团结友好、和谐相处的美好家园。

柏格理深知苗族人没有国家的概念。在翻译苗文《圣经·马太福音》时,柏格理遇到了一个麻烦:

> 因为国度、权柄、荣耀,全是你的,直到永远。

柏格理发现,在苗语词汇中,没有"国度"这个词,也没有这个概念。没有哪一位苗族人记得他们在历史上曾经有过属于自己的国家,也没有哪个人知道在苗族语中有这么一种概念。在 5000 多年的历史长河中,他们一直是中国的统治者剿灭和同化的对象,被视为野蛮人,统治者根本不管他们的死活。因为这样,苗族人对这个国家是否强盛也漠不关心。"凿井而饮,耕田而食,国力与我何有?"

他们只有家的概念,柏格理只好用"你天上的家"代替"你的国度"。但他担心"你天上的家"能否把"你的国度"的意思准确地显示出来。

辛亥革命之后,中华民国实行五族共和。当时的国旗图案以红、黄、蓝、白、黑五色代表汉、满、蒙、回、藏五族。柏格理觉得机会来了。他去电他的朋友——中华民国外交部长伍廷芳:

> 西南各族同居中华领土之内,亦应有一色标记列于国旗之上。今仅以五色代表五族,而苗、彝反非国民乎?

伍廷芳很快回电:

> 五色国旗不过代表中华五大区多数民族之标志,苗族居住于多数民族之中,即隶于汉族部分。

柏格理又去电:

> 苗族既列于汉族之区,能否与汉族同尽义务,同享权利?

伍廷芳回电:

当然。[1]

于是，在编写的《苗族原始读本》中，柏格理加上了爱国主义的教育内容：

问：苗族是什么样的民族？

答：苗族是中国的古老民族。

问：中国是什么？

答：中国是世界上一个古老的国家。

问：苗族是从哪里来的？

答：苗族是从中国内地的黄河边来的。

柏格理在日记中写道：

作为一名在中国的传教士，看起来倒很像我们的主应需要而产生的化身。

我们决不能牺牲我们的原则，而是去试验从他们的观点出发如何才能显示耶稣的爱。我们并不想让这些人欧洲化，而是要在他们自己的环境中去产生他们的基督徒形象……

我必须调整自己的生活，以赢得中国人的尊重。我绝对不能做任何让他们感到厌恶的事情。在这个限度之内，尚有很大的回旋余地……

嘲笑，无济于事；讽刺，徒劳无用。我们必须向中国显示耶稣的爱，证明他无处不在，更有力量……

①引自《"窄门"前的石门坎》，第149页。

学校像花儿一样开放

回到中国之后，柏格理不遗余力地为当地的孩子们兴办学校。1910年，随着各地教会学校的建立，循道公会西南教区苗疆部专门设立了教育委员会，以石门坎为中心，大力发展苗族教育事业。

柏格理看到由于石门坎地处荒野，和外面联系不畅，外部世界的信息很难传递进来。1910 年夏天，他向贵州省邮政总局申请在石门坎办邮政代办所。1910 年 8 月，石门坎顺利通邮。从此由世界各地发往石门坎的信件只要写上“中国石门坎”几个字就可送达。石门坎逐步与世界联通。

柏格理在英国演讲时，一位 60 多岁的英国老人阿辛顿（苗族人称阿斯多）听到苗家孩子在草棚里刻苦读书，心里很感动，捐资 2000 英镑。柏格理用其中一部分捐款修建了可容 200 人同时上课，有壁炉、烟囱、课桌、黑板的宽敞的教学楼，修建了教师、学生宿舍和礼堂。为了鼓励孩子们进行体育锻炼，还修建了一个足球场。

1911 年柏格理又用余下的钱修建了石门坎光华总校，学生人数达到 300 多名。

教会还在乌蒙山区开办了 17 所分布于这一地带各处的光华小学分校。1910 年，选拔了一批学生到石门坎举办师资培训班，毕业后到各个分校当老师。从此，石门坎学校培养了一批苗族教师，逐渐实现了“以苗教苗”的目标。

1911 年，中华民国成立。石门坎教会学校借用“光复中华”之意正式取名为“石门坎光华小学”。各地教会学校成为光华小学的分校。

1912 年，石门坎光华小学在初级班的基础上，又增办高级小学，分男女两部。这样，外地读完初小的学生都可以来石门坎读高小。当时流传着一首名为《到石门坎去读书》的歌谣：

去读书呀，
所有青年男女，

去石门坎读书，
小学中学分步走，
高中大学在前头，
不要往后退，
要朝前走朝前走。

1912 年 2 月 6 日，云南总督蔡锷电告柏格理：

需 8 名苗民学生，入云南省立师范，成绩优者入北京师范；入讲武堂 4 名，成绩优异者送日本士官学校，以造国家栋梁。

柏格理迅速选派了一批优秀的苗族青年前往学习。

石门坎学校教学方法中最突出的是实行苗、汉双语教学。苗文创制成功之后，柏格理又组织老师编写了《苗族原始读本》，内容有苗族历史文化、生活常识、生理卫生知识、基督教知识等，要求教师在教学中大力推广。柏格理提出："对不懂汉语的苗族儿童，只能用本民族教师进行教学。"这样，以苗文促汉文，进行双语教学，收效极大。

作为苗族人的朋友，柏格理还想圆他们民族长久以来的一个梦想。他希望有朝一日有一个苗族孩子能够走出大山，和汉族的孩子一样，到大学读书，荣获学位。

1913 年，石门坎教会节衣缩食，选派五个学生——王爱福、王快学、王凤鸣、王霄汉、杨苒惠到成都华西中学读书。1917 年他们学成归来，杨苒惠和王凤鸣就留在石门坎中学任教。由于刘映三校长年事已高，很快由杨苒惠接任校长。苗族人从此有了自己民族的老师和校长。

柏格理牢记主的教导，从心底里爱孩子们。起初，汉人对他花费那么多时间致力于对孩子的教育感到难以理解。当他奔波于苗民村寨时，孩子们总会听到他那回荡于群山之中的亲切呼唤声，他们一听到柏格理的喊声便会飞跑出村子来迎接他。他喜欢与小孩子戏耍，与坐在自己膝上的孩子们交谈，他的慈祥、他的多才多艺赢得了所有孩童的心。

他在 1911 年 8 月 17 日的日记中写道：

今天，我同永远兴致无尽的孩子们玩游戏。他们扮羊和牲口，我扮牧人。我赶着他们从山上返回村寨，就好像日暮归来的牧童。

王树德回忆，就是柏格理在英国度假时，无论走到哪里，也能很快和孩子们交上朋友。很多在不同的主日学校学习的学生都向柏格理伸出了友爱的手。柏格理曾收到一个从英国寄来的盒子，盒子里装着由许多个主日学校的学生们赠送的礼物，礼物中有两三个质量极好的刀片。柏格理把这些刀片交给受过专门培训的苗族传教士，叫他们随身带着，到村寨里给苗族孩子们种牛痘。用这种方法，柏格理把中英两国孩子的心紧紧地连在一起。

终其一生，柏格理都保持着一颗童心。王树德在《石门坎与花苗》中回忆道：

> 我与柏格理一同工作了将近四年时间，对他的钦佩与日俱增。他的全心全意，他炽热的感情，他风趣与有吸引力的个性，以及他为基督献身的精神都让我为之倾倒。我曾听他用熟练的汉语宣讲福音，随后又见他进入石门坎的小教堂，以他的苗语布道吸引了成千从山里赶来的听众。他和苗族执事们讨论计划与方案，安慰、鼓励饱经心酸的母亲们，事后马上又像欢蹦乱跳的顽童一样和苗家儿童戏耍起来。不过当他要离去的时候，孩子们会坐在路边，好像伤透了他们幼小的心灵一样哭泣起来。我渴望能修炼到这种地步。他时常称孩子们为“上帝心中的花朵”。[1]

①引自《在未知的中国》，第407页。

麻风病人之家

1913年初，一个麻风病患者来到石门坎，向柏格理诉说他遇到的困难。几年之前，他的大儿子随便穿了一下他的衣服，现在，孩子已经出现了麻风病的症状。他的小儿子长得非常健康，现在和他生活在一起。他想让小儿子去上学，但人们都害怕自家孩子会染上麻风病。

病人问柏格理："老师，你给我指条路，我到底应该怎么办？"

他坐在那里欲言又止，柏格理鼓励他。老人哭着说，自己患麻风病的大儿子厌倦了人世，哀求父亲给他弄点毒药，让他"回老家"。老人不忍心这么做，问柏格理如何是好。

老人最后说："老师，说实话，其实我也早不想活了。兴许我也该'回老家'了。没有人想要我们，在世间我们得不到任何安慰。"

柏格理哭着告诉老人："老人家，你一定不能服毒，上帝一直在召集你们。虽然你们在这个世界上有苦难，但将来有一天，在上帝的怀抱里，你们一定会得到安慰和欢乐。"

柏格理在日记中写道：

> 老人默默无语，似乎在等着我继续说下去。但是，除了对他们的无限同情之外，我已经无言可发。可怜的父与子。

柏格理心里特别难受。他想到他和主耶稣的差距：耶稣在世的时候是不怕麻风病人的，再来的时候也一定不怕。

他还想到了他的救命恩人杨世和。在他遭受毒打，生命垂危的关键时刻，是汉族人杨世和用自己的身体救了他。事后，虽经柏格理多方寻找，但一直没有找到这个人。他听人说杨世和的父亲是一个麻风病人。

柏格理想看看他能为这一带的麻风病人做些什么。

1913年7月1日，柏格理刚起床，就有一个苗族姑娘前来找他。此前，她已经流浪了四天四夜。交谈中，柏格理知道她就是年初来找他的老人的女儿。她有四年时间没同她的父亲和哥哥生活在一起，寄居在一个亲戚家中。但现在亲戚说她也有了麻风病的症状，所以再不肯收留她，把她从家里赶出来了。

1914年，广西都督陆荣廷诱杀麻风病患者的消息传出，柏格理立即在《士林报》上写文章谴责这一极不人道的罪行。基督教的一个麻防组织“Misson to lepers”见文后，来电询问石门坎附近的麻风病情。随后，该会汇了一笔款给石门坎，请柏格理想法在石门坎设立麻风病院。由于暂时找不到合适的地方，柏格理便买来粮食、衣服和其他生活必需品，按月发放给流落荒野的麻风病患者。

后来，张道惠、钟焕然、杨雅各、张约翰等人一直为创建麻风病院而努力。1919年，钟焕然向他的学生安如福购买石门坎南面一块荒坡地，修了八个房间，1921年正式建成麻风病院。这也是乌蒙山区最早的一个麻风病院。

爱永不止息。

十年奇异恩典

1914年7月，距离四个苗族人到昭通找到柏格理的时间过了整整十年。这十年里，苗族人的历史发生了翻天覆地的变化。苗家人聚集在石门坎，载歌载舞地欢庆他们的节日。他们用美丽的歌声表达他们蒙受恩典、获得新生的喜悦之情：

奇异恩典，何等甘甜，我罪已得赦免；
前我失丧，今被寻回，瞎眼今得看见。

如此恩典，使我敬畏，使我心得安慰；
初信之时，即蒙恩惠，真是何等宝贵。

许多危险，试炼网罗，我已安然经过；
靠主恩典，安全不怕，更引导我归家。

将来禧年，圣徒欢聚，恩光爱谊千年；
喜乐欣赞，在父座前，深望那日快现。

苗家人公推李约翰撰写苗族《溯源碑》，刻碑纪念这段辉煌的历史。碑文文字优美，用简要的文字记述了苗族几千年来的历史，对儒教、佛教、道教和基督教做了简要的比较，记述苗族人信仰福音的历史。这是苗族用文字记载自己历史的创举。苗族《溯源碑》原文因是古文，这里略去，有兴趣的读者可以到本书附录里认真研究。这里仅存留稍后篆刻的苗文《石门坎苗族信教史碑》，原文是用苗文写成，翻译成现代汉语如下：

苗族的情况刻在石板上。

苗族的老习惯丢失了，像其他民族没有进化以前，没有地方，受彝族统治，向彝族缴纳很多租谷，子孙后代又非常害怕汉人。

苗族蒙昧无知，又非常贫穷，又有不好的风俗习惯，敬鬼酗酒等恶习。别的民族歧视，笑我们无知。我们自己又不知道害羞和前进。

幸亏上帝使他的传道人员，指明我们要走的道路。

我们苗族实际是中国的一个古老民族，祖先们长期住在中国地方。祖先们有歌唱道：我们从什么地方来，到什么地方去。以后变成荒野的人，住在高山森林中，国家和政府没有哪一个管理。

到了1903年，听说安顺有传教士在那里传教，有些苗族人就跑到那里去。传教士说："你们来这里很远，到昭通去找柏格理吧。"这些人回来了。不久有两个苗族人到了昭通，找到了柏格理。柏格理非常高兴。他说："你们两个回去，传信到苗族村寨。"苗族各村寨听到信息之后，互相邀约成帮到了昭通。人多礼拜堂容纳不下，柏格理带着汉族教师李司提反、苗族人王道元、杨雅各来到苗族地方，寻找修礼拜堂的地点。最后找到石门坎。修了教堂，办了学校，从此，我们苗族开始读书。

但是我们苗族4000年来没有见过文字，学汉文非常困难，幸得柏格理同李司提反和苗族人张约翰，创造了苗文给我们学。从此，我们苗族有了文字。

学校里的学生一天比一天多，房子容不下。柏格理看到我们苗族艰难困苦，没有钱修建大学校。1908年，柏格理返回英国，在英国各教会讲述苗族的困苦生活，劝英国各教会出钱帮助苗族建立大学校。后来有个老人名叫阿斯多，他有慈爱的心，捐了2000英镑修建学校。(以下有残缺)

为此，我们在这里歌颂：

黑暗时代谁可怜我们，困难环境谁同情我们。感谢上帝，拯救他的人民，派遣柏格理牧师来为我们宣传基督福音。我们有书读，我们还有好名声，精神愉快，心灵纯洁，战胜了黑暗，从此我们要经常唱，心里永远记着。

全体苗族信徒暨石门坎全体学生

一九一六年八月十日

葛布与结构

在今天贵州赫章辅处乡，有一个名叫“葛布”的苗族村寨，“葛布”彝语是欢乐的意思。这里原是一片森林，彝族土司葛布家雇人在坡地上种了一些玉米。由于野猪损害庄稼，1883 年，彝族土司允许苗族猎人王摩西一家和他的张姓亲戚搬到这里居住。王摩西他们在坡地上搭起几个窝棚，男人常年在外追逐野猪，女人种几片薄田，过着刀耕火种的原始生活。

1904 年，葛布已发展为一个有十几户人家的苗族村寨。就在罗但以理他们到昭通寻找柏格理的同时，张保罗赶到安顺参加了亚当·党居仁举办的教牧人员培训班。张保罗是一个很有影响力的人，回到家中，就立即鼓动自己的亲戚、邻居和附近寨子里的人到自己家中做礼拜。每逢星期天，都有二三百人前来聚会。

1904 年底，党居仁牧师亲自赶到葛布，考察葛布教会的情况。1906 年，一个完全由苗族信徒自己捐款、自己建造，长 32 米，宽 10.6 米的砖木结构的教堂建成了。教堂可以容纳大约 1000 人聚会。

1908 年，中国内地会又在葛布西北面 10 多公里的结构建立中国内地会彝族总会。为了更好地传福音，中国内地会和循道公会在乌蒙山区紧密协作，谱写了互助互爱的美好篇章。

夜郎自大与天朝迷梦

在从葛布到结构的路上，要经过赫章县可乐乡。可乐是彝语，意思是水草丰美。20世纪60年代，考古工作者在可乐河两岸的丘陵坡地上，发掘出汉墓7座，出土文物300余件，引起了中国考古界、史学界的轰动。2000年，又发掘出夜郎墓葬108座，出土文物547件，最终确定这里是战国至汉时的夜郎古国遗址。

在中国历史上特别神秘的夜郎王国故地终于浮出水面。

公元前122年前后，一小队汉朝使者在从昆明滇王国返回中原的路上，在朱提（今云南昭通）附近离开官道，十多天之后，在水草丰美的可乐河畔，他们到达了夜郎国。听闻汉家使者的到来，夜郎王热情地接待了自己的远亲。

他记起祖先一代代传下来的故事：那是在很久很久以前，他们共同的祖先从昆仑山上下来，在低洼之地牧养羊群。后来，其中一支一路向东，在黄河、渭水流域扎下根来；另一支，翻越甘青高原，一路跋涉，来到大三峡地区（也就是今天的云、贵、川一带），在这一区域分蘖成了很多个大大小小的部落。

由于道路不通，音讯久隔。夜郎王根本不了解自己远亲的近况，他很想知道他们的事业现在搞得怎么样了，他们的地盘有多大，人有多少。由于生活在群山之中，他很想了解外面的世界。夜郎王想："我是这一带最大的部落，我远亲的地盘至少应该和我差不多大吧。"于是，他问汉朝使者："汉孰与我大？"翻译成现代汉语就是：你们汉朝和我们夜郎相比，哪一个要大些呢？

汉朝使者回到长安，如实向汉武帝汇报工作。当听到夜郎王的问话时，一向严肃的汉武帝笑得差点从御座上摔下来："太可笑，真是太可笑了！一个西南蛮夷！蕞尔小邦！竟敢和我汉朝比大小！"

夜郎王从来没有觉得自己很强大，不久他就从汉朝使者手里接过受封的王印，成为汉朝的藩属国。倒是嘲笑自己同胞"夜郎自大"的天朝帝国从此患上了自大症。后来,自大、狂妄、固步自封给伟大祖国带来了一百多年的屈辱和血泪。

地处贵州的夜郎王国为中华民族留下了一笔宝贵的精神财富。让我们牢记:即使有着5000多年灿烂历史的中华民族,也不能狂妄自大。我们认识到,我们不过是人类各民族大家庭中的一员,我们都出自一个起源。

胜利大逃亡

1914年6月22日，在外面巡回布道的柏格理收到儿子欧内斯特派人捎来的口信：埃玛病了。

6月24日，谣言四起，说老七已经反叛。接着，柏格理接到昭通官府送来的口信，告诉他老七最近和一个政府要员发生了激烈的争执。官府决定对老七新账老账一起算。而老七，也想尽一切办法要让那个官员难堪。以他的实力，他知道自己攻不破昭通城防，但他绝不想坐以待毙。他苦苦思索，终于想出了一个好主意。如果把名扬海内外的柏格理干掉，政府一定会严厉制裁让他为难的官员。于是他放出风来：砍头算什么，我决心要干掉柏格理。

虽然不相信老七真的会对他下手，柏格理还是不敢掉以轻心。因为他知道老七这家伙集自私、野蛮、冲动、无法无天于一身。他安排一些学生，分成三组，每组发给一个短号，让他们把守前来石门坎的三条必经路口，一看到有危险就马上吹号。

柏格理在发往英国的一封信中写道：两天之后，我同往常一样做完晚礼拜。然后，和钟焕然站在学校外面谈一些事情。恰在此时，激烈的号声从通向昭通的那条路上传来。学校里哨声阵阵，人们一片混乱地四散离去。我急忙回屋，一边大声叫威廉（王树德）的名字，一边飞奔上楼。欧内斯特正躺在床上，我一把将他抱起。我的妻子在慌忙中抓起一两件衣物，我们便匆匆离去。钟焕然忙着给我们的马备鞍，但马不停地嘶叫、踢腿。最后，我们不得不将马留了下来。威廉与我扶着埃玛，欧内斯特坐在一个同工背上的背篓里。我们心慌意乱，不知所措。

这一夜，星光灿烂，天气炎热，四处乱飞的萤火虫闪闪烁烁。但我们必须精力高度集中，才能顺利走过崎岖不平的山路。这段路程实可谓艰难透顶，对于刚刚生病的埃玛而言，尤其艰难。因为过于疲倦，欧内斯特竟在颠簸的背篓里睡着了。

凌晨2点，我们才疲惫不堪地到达安排好的小苗寨。

破晓时分，一个男孩赶来，告诉我们昨天晚上是虚惊一场。孩子们看到一队送葬队伍，误以为是老七的人来了，马上就吹响了号角。

因为劳累过度，我们在那个寨子休息了整整一天。第二天上午，我们动身返回，于中午时分到达石门坎。

刚坐下来吃了两口饭，又传来老七前来袭击的信息。我们很快就把自己的所有东西和地主答应给盖房子的来信、地契、《新约圣经》译稿的抄本等派人分送到不同的村寨收藏起来。然后，我们一家人又起程逃亡。目的地是咪啰沟。

我为埃玛牵着马，于下午2点出发。上路不久，我们就遇到了大暴雨，大家被雨水淋得湿透了，就像刚从水里捞上来一般。空中雨点稠密，前面的山顶就像被盖上了一层幕罩。我心急如焚，因为我们必须在山洪到来之前渡过洛泽河。

雨点抽打着我们的脸颊，沿途泥泞不堪。我们费力地踩着满是泥浆的山路挣扎向前。临近河边之时，我们听到了远处传来的山洪的咆哮声。我催促大家奋力向前。我们匆匆赶到河边。这时河水仍平静清澈，但水中已经出现了赤黄色条纹，表明雨水已将河谷边的黄泥冲入河中。

我们根本听不见彼此的声音，山洪正以每小时50公里的速度向这边疾驰。从10多里外翻滚而来，发出的咆哮声惊心动魄。

渡船由一根延伸于两岸间的绳索来回牵行着。大家跳上船，没命地拉船上的牵索！

一抵对岸，我们便跳出小船，死命地往岸上爬。到了安全之处后，我们回头看去，在狂暴的怒吼声中，山洪绕过河谷汹涌而至，掀起一堵三米高的黄色水墙。洪流轰鸣而去的景象让我们所有人胆战心惊。

我们刚刚坐过的小船，被浪涛高高抛起，当它落下来时，被咆哮的洪水撕成碎片……①

①参见《柏格理在中国》，第54—55页。

※ 1910年，石门坎学校学生列队欢迎柏格理(**上图**)
※ 1910年的石门坎运动会(**下图**)

※ 1912 年石门坎光华学校部分师生合影

※ 1913 年柏格理组织修建的露天游泳池遗址

苗文《圣经》

地上无安息

老兵的职责

伤寒

再相会

第十章 去一个更美的家

苗文《圣经》

柏格理在 1914 年 11 月 6 日的日记中写道：

> 感谢上帝，我终于完成了把《启示录》译成苗文的工作。

柏格理欣喜地发现《圣经》的光辉给苗家人带来了多么巨大的希望。分送《圣经·四福音书》的教牧人员轮流走访各个村寨，人们拿到书，立即捧在手里，像捧着珍宝一样小心。他们一字一句，缓慢而吃力地读着耶稣的生平故事。其中的一个故事让苗家人特别喜欢，就是记载在《约翰福音》第九章里，那个生下来就眼瞎的男子被耶稣治愈的故事。很多苗家人读到当狡猾的法利赛人威胁那个刚被耶稣治愈的男子，而这个男子则用坦然、率直的口气回击他们，从而彰显耶稣的爱的情节时，就忍不住大笑不止。

他们太快活了。因为面对他们民族几千年来的苦难，别人都告诉他们是因为他们的祖先造了什么孽，或者他们自己做了什么见不得人的丑事，才会受到这样的诅咒和惩罚。今天，他们从这本充满爱的书中了解到既不是他们造了什么孽，也不是他们的祖先犯了什么罪。他们民族经历这一切的目的，是为了有一天能够彰显上帝的荣耀。

根据他们民族的口头传说，很久很久以前，当苗族人还生活在长江以北的时候，他们有过自己的书。但是有一天，汉人征服者来了，把他们驱逐出了自己的家园。他们跑到江边，却找不到渡船。忙乱中，人们为怎样把书带过江去争论起来，最后决定把书捆在背上游过江去。但没有想到水流如此湍急，江又那么宽。最后，书被江水冲走了。

当第一批苗文《圣经》送到苗家人手里的时候，苗族古歌又增添了新的内容——往昔失去的书终于被找到了。很多苗族人宁愿在山中跋涉几天，只是为了尽早看到苗文《圣经》。

一天，两个苗族布道员告诉柏格理一个故事：他们在一个苗寨里访问时，遇到一个 85 岁的老人。他从拿到《圣经》的那一刻就贴在胸口不肯放下。后来，老人请求他们给他唱支歌。他们用苗语唱起《有一个流泪之泉》的时候，老人终于抑制不住自己的感情，放声痛哭起来。他告诉他们："我活了这么大，一直在等待耶稣，等了整整 85 年。如今，我终于可以安然离世了。"

地上无安息

1915年初，柏格理一直在竭尽全力地对翻译完的《新约全书》进行修订工作，并写作《在未知的中国》。他写道：

中国西部传教士的工作使人非常难以得到一个假日。无论你走到哪里，总会有教会的紧急事务跟上来。举例而言，上礼拜四，即我正在自己的书房里写《在未知的中国》第六章、第七章的那天，有约40个人前来找我，要我帮助或指导他们解决各种困难。

一对双胞胎出生后，他们的妈妈跟着去世了。结果妹妹被人抱养，父亲找到我，请求我们帮助他抚养另一个孩子。又有人给我带来一个口信，说伤寒刚在附近一个村寨里爆发了。后来，一个女孩走进我的书房，控告她的父母包办她的婚姻。他们违背她的意愿，给她选中了一个她根本就不喜欢的男人。她希望我帮助她摆脱那个讨厌的男子的纠缠。我当然很乐意帮助她。我让人把她的父母找来，经过一番激烈的辩论，我终于成功地帮助她解除了婚约。

往下，又来了一个妇女，她的丈夫得了肺炎。她认定这是由于自己村寨的一个巫师向病人施放符咒所致。他问我能否立即赶到她家为她丈夫祈祷。刚把这个难题解决完，就看见一个传道员从另一个布道点急急忙忙地赶过来，带给我一大堆他无法解决的问题。而这些麻烦事足够列一个长长的清单。

来访的布道员离开，我站起来把房门关上，舒了一口气。刚拿起笔写了几行字，一个人就从门外面把脸紧贴着玻璃向屋里看。他想看看我是否在家……[1]

此外，还有无休无止的巡回布道，柏格理开始经常感觉到身心俱疲。这些年来，他一直是一个人做着四五个人才应付得了的工作。偶尔，他盼望自己哪怕腾出一天时间略为喘息一下，但有那么多的事等着人做，而他又总是把别人的需要放在首位。每当疲惫不堪的时候，他就唱这首歌来鼓励自己：

①参见《在未知的中国》，第310页。

谁言要安息?安息在天家。
地上无安息,只因工作多。
天父差我来,时日不我待。
唯有勤工作,未敢有轻疏。
不论忙与苦,恩典必够用。
勿言要安息,安息在天家。

老兵的职责

1914 年 11 月，柏格理由王树德、杨雅各、王胜魔陪同，远征到云南威信和四川南部的珙县、高县、筠连一带，向苗族的一个分支白苗传教。在旅行布道途中，他们走过了一些雄伟险峻的大山。其间，王胜魔用针和线为杨雅各缝脚上的伤口。由于伤口时而浸在泥水中，时而踩在坚硬的路面上，为了防止伤口扩大，所以采用缝合的方法。

1915 年 6 月 7 日，柏格理从百忙之中抽出几天时间，参加一所学校的修建仪式。他还访问了几所学校，对有些地方工作进展缓慢感到忧心。

6 月 12 日，石门坎教堂里挤满了参加圣礼的人。这一天有 246 人受洗。

6 月 17 日，农历五月初五，石门坎又举行了一年一度的运动会。柏格理写道：

> 这天天气晴朗，参加节日活动的人数之多乃前所未有。我们于上午做了露天礼拜；由于人数如此之多，我们中的三位传教士只得轮番布道。我早在节前一周致函地方汉官(指彝良县县长——本书作者注)，邀请他在节日那一天光临，为获胜者颁奖。他于下午 2 点来到并对孩子们发表了演说，接着为学校颁发了证书及奖品。……
>
> 傍晚，学生作了队列操练表演。此后便开始了各种运动项目。篮球特别惹人喜爱，男孩子兴致勃勃地你争我夺，其乐无穷。女孩子们极爱跳绳，跳绳奖被一个一口气跳了 500 次的女孩所夺。[①]

他还对苗族教会的规模进行了评估。在汇总了大部分地方的数字后，他欣喜地发现教会有超过 1 万人已经成为基督徒。

从 1904 年到 1915 年的 11 年间，平均每年至少有三座小教堂和学校建成。有 1000 多名学生分布在 23 所学校中读书。

在写给老同学郃慕廉的信中，他还为他们俩设计了清晰的工作目标：

①引自《柏格理在中国》，第 57 页。

> 亲爱的弗兰克，如果在不远的将来，我们的学校里有 2500 个学

生读书，那该多么好啊。还有，我感到现在在一些基督徒心中，对上帝的热情已经大大地减退了。我盼望我们一起努力，靠着上帝的帮助，重新掀起一场复兴运动，让福音的火焰永远在我们的教区燃烧。

亲爱的弗兰克，你和我是尚留在这里的仅有的两个老兵，还要在这里待多长时间我们谁也不知道。就个人而言我愿意鞠躬尽瘁，死而后已，直到我们的工作再上一个台阶。

伤寒

在那个时代，对乌蒙山区人民来说，伤寒猛于虎。

1913 年 6 月 13 日，柏格理在日记中写道：

这个寨子的一家人染上了伤寒病。老人已经死去，其子女则正在病中。在群众中，对这种病存在着巨大的恐惧。没有人敢于接近染病的人家。我希望教会的人不要如此害怕这件事，要欣然前往，并且和这些患者一块儿祈祷。因为在这种时刻，他们正需要巨大的同情。

1913 年 9 月 1 日：

我方才从一个村民患伤寒病的寨子回来。我去过的一座又一座房屋里，都挤满了病人。有些儿童已经死去，所有的人都处在极端贫困之中。我曾进去的一个茅棚仅有卧下一头牛的那么大点地方。在一些屋子里，人和牲畜竟躺在一起；不少处于病中的人就睡在地上。……

我从这家走到那家，安慰和鼓舞每一个人，并和他们一起祈祷。愿上帝保佑他们。……

只是到现在，我才开始理解到，这些民众中的不少人正处在多么可怕的贫穷状态。我平时也知道他们穷，但却只是在此刻才体会到他们实际的贫困程度。我感到无比气愤和棘手。难道从来就是这样吗？难道在这个世界上就没有这些人的希望了吗？如果我们宣讲在天国里没有财主的位置，群众就可能嘲笑我们像是在另一个世界里讲话，而他们在人世到底有什么机遇呢？

1913 年 11 月 15 日：

伤寒在另一个村寨再次爆发，有些人已经死去。与其说他们死于疾病，倒不如说他们死于未被好好护理。因为，没有人愿意照顾这种凶恶疾病的患者。由于无人护理，病人往往因为寒冷和饥饿而死去。

1915 年 6 月：

有人给我带来一个口信，说伤寒刚在附近一个村寨里爆发了。

柏格理随时面临着一个危险，说不定哪一天伤寒或者其他流行病会在学生中蔓延。他听到在距离石门坎约500公里以外的四川叙府，有一个美国医生对预防和治疗流行病很有经验。于是，他立即和这个医生联系，请求他对石门坎学校的一些学生进行流行病防治培训。这样，一旦病魔来袭，他们就能够协助医生担负起医护方面的工作。

计划还没来得及实施，灾难就降临了。

再相会

1915年6月28日：

> 回到石门坎。王树德也精疲力竭地刚从昭通返回。为预防伤寒病，他在昭通连续注射了预防针。

柏格理1915年7月5日的日记：

> 昨夜和今晨都在下大暴雨。学校里的孩子们已经开始了他们的考试。

也就在这一天，几名学生病倒在教室里，检查结果一出来，所有人都大惊失色——伤寒病。

怕啥来啥，柏格理又气又急。学校被迫关闭。几个染病的孩子被隔离起来，受到精心照顾。埃玛抱着病躯，一个一个地给他们打针、喂饭、擦洗身子。

一个叫朱焕章的学生，病情特别严重，一直高烧不退，神智不清。由于孩子父母双亡，他的继祖父从家里赶来，昼夜不停地守护在他身边。

学生好不容易脱离危险，刚刚打过预防针的王树德又被传染上了。虽然白天的事务已经让柏格理焦头烂额，疲惫不堪，他还是坚持整夜整夜地照顾和看护王树德，帮助他度过最为危险的十多天时间，硬是把王树德从魔鬼的口里抢了回来。

一个灾难接着另一个灾难，两个苗家人从葛布赶来，告诉柏格理一个震惊的消息：在贵州安顺，亚当·党居仁牧师在外出布道时，不幸遭雷击身亡。中国内地会安顺教区的绝大多数信徒都感到极度沮丧，甚至恐惧。

作为中国通，柏格理明白中西文化有着巨大的鸿沟，中国人相信只有那些干了伤天害理的事的人才会遭雷劈。他感到有必要让信徒明白，这是上帝以自己的方式接他的使徒去天国。经过一番考虑，柏格理找来杨雅各，请他前往安顺，代表石门坎教会安慰、帮助那些处在痛苦中的兄弟姐妹，坚定他们的信心。

慢慢地,王树德病情略微好转。就在这时,柏格理病倒了。病魔不甘心失败,它决心带一个人走。

生病的埃玛独自承担起照顾丈夫的重任。柏格理一直处于高烧之中,病情不断恶化。

沙文医生和邰慕廉闻讯立即从昭通赶来。沙文医生陪了柏格理两天,他的病情开始有所好转。柏格理一苏醒,就和沙文医生开玩笑说:“沙文,还记得上次你把我从死神口里夺回来的情景吗?这一次我猜魔鬼也不是你的对手!”

由于沙文夫人重病在床,又看到柏格理恢复得那么好,沙文动身回了昭通。一回到昭通,沙文就发现自己染上了伤寒,虽然侥幸躲过了鬼门关,但这场病耗尽了沙文的健康。

1918 年 1 月 30 日,中国人民的好朋友沙文医生,在救治一位中国士兵时,又一次染上伤寒,这一次他没能躲过病魔,长眠于昭通凤凰山麓。

柏格理的乐观掩盖了他身体的全面衰竭。一度,埃玛满怀希望,相信丈夫会和往常一样勇敢地站起来。

突然间,柏格理病情恶化,体温遽然升高,双眼看不见东西。接着,柏格理的呼吸慢慢衰竭。

阴暗潮湿的五镑小屋里,埃玛和 9 岁的欧内斯特一边一个,紧握着柏格理的手。邰慕廉站在旁边,不停地祷告。

柏格理艰难地说:“埃玛,我恐怕恢复不过来了。你们不要伤心,你们要欢乐。欧内斯特,不要哭泣。因为,爸爸要去的是上帝早已给我们安排好的更美的家。”

停了停,他对邰慕廉说:“弗兰克,麻烦你转告外面的弟兄姊妹,不要哭泣,让他们一定要好好信耶稣,告诉他们我在天堂等他们。”

邰慕廉走到门外,外面挤满了人,最前面是一大堆孩子。邰慕廉举起双手,大声说:“亲爱的弟兄姊妹们,不要忧伤!柏牧师希望再听听你们唱歌。我们一起唱《再相会》,大家一起大声唱,开始!”

刚才还充满绝望和忧伤的山岭响起了欢快的乐曲：

愿主同在直到再相会，
愿主指示领你正路，
在主羊圈看守保护，
愿主同在直到再相会。

愿主同在直到再相会，
主全能手常常卫护，
日用饮食主必赐你，
愿主同在直到再相会。

愿主同在直到再相会，
如有难事四面搅扰，
愿主慈手周围环绕，
愿主同在直到再相会。

愿主同在直到再相会，
愿主圣灵赐你平安，
及至临终仇敌败负，
愿主同在直到再相会。

再相会，再相会，
靠主恩德再相会，
再相会，再相会，
愿主同在直到再相会。

屋里，柏格理紧紧地握着埃玛的手，听到门外响起的歌声，一开始很压抑，但愈来愈欢快，他笑得特别开心。

柏格理使劲抬起右手，在埃玛脸上摸索着，拭去她脸上的泪珠："埃玛，我请求你一件事，你再笑一笑给我看，好吗？”

埃玛笑了。柏格理说：“埃玛，你是上帝赐给我的这个世界上最美的东西，为此我一直感谢上帝。”

埃玛紧紧地握住柏格理的手。柏格理笑得很知足，像一个躺在妈妈怀里的孩子。许久，他说：“埃玛，亲爱的，我还是想听你给我读《圣经》。”

埃玛拿起柏格理床头放着的苗文《圣经》，翻到一页，轻轻地读起来：

> 我现在被浇奠，我离世的时候到了。那美好的仗已经打过了，当跑的路我已经跑尽了，所信的道我已经守住了。从此以后，有公义的冠冕为我存留，就是按着公义审判的主到了那日要赐给我的，不但赐给我，也赐给凡爱慕他显现的人。①

1915 年 9 月 16 日下午 3 时，柏格理辞别人世，去了一个更美的地方。对他和所有真正信仰上帝的人来说，死亡不是结束，而是另一个荣耀的开始。

苗族人把他葬在石门坎学校后面一个小山上的橡树林中，杜鹃花、金银花、映山红、迎春花等在林中掩映。他被安放在乌蒙山麓，守护着中国少数民族的家园。

苗家人在他的墓顶上，竖起了一个很大的十字架，表征着全人类的共同上帝和创造者的爱一直眷顾着中国的乌蒙山脉，眷顾着这块土地上的人们。

在他的花岗石墓门上，人们恭敬地篆刻了一副对联，以纪念他的一生：

> 牧师诚为中邦良友
> 博士真乃上帝忠臣

本书写作开始于 2005 年 5 月 7 日

初稿毕于 2008 年 1 月 9 日

第二稿毕于 2008 年 5 月 18 日

①引自《圣经·提摩太后书》第 4 章。

后　记

我为什么要写这本书

2005年5月7日，我和陈文先生来贵州工作。2005年6月，在贵阳大十字达德书院购得《中国国家地理杂志贵州卷——山地省的文化梦》，读了中国社科院社会学所沈红老师所写的《石门坎："炼狱"还是"圣地"》。第一次知道贵州有石门坎，有柏格理，心怀敬佩。这年10月，石门坎纪念建校100周年。惜不知。

2006年春，在昆明范怀春先生的以撒书房购得东人达、东旻父女译《在未知的中国》厚厚一本，闲放蜗居，封面尘染。

2006年10月，在贵阳启新茶楼喝茶时，于书架偶见一本杂志《中国西部》，内有孙吉撰文《延续百年的文化记忆》，讲述石门坎百年历史。读罢感慨不已。回到住处，书堆中翻出《在未知的中国》，读柏格理所写《与天花搏斗》，心情激荡。

2006年秋，认识贵州竹梅文化公司张健先生，并蒙惠赠《中国石门》及《苗族救星》一书的复印件。张先生告诉我，《苗族救星》一书，乃他亲自在石门一苗家淘得。自豪之情，溢于言表。看过后，心生向往，打算去石门亲自探访。

识《贵州日报》杨大德先生，蒙其赠大作《中国石门坎》及柏格理长子所写《柏格理在中国》。问杨先生何时知道柏格理，先生自云，出生于贵州黔西，早年就经常听大人说起柏格理的传说。

乌蒙山地处中国后花园，本中国最贫寒之地。地处高寒，交通极为不便。乌蒙富，则中国富；乌蒙强，则中国强。有志于为祖国西部开发的志士仁人，不约而同地将目光投向100年前将生命献给这里的柏格理。说起来敬仰之情感人至深。

2006年平安夜，在贵阳黔灵西路教堂，我第一次听到曾克娜和她姐姐同台演唱描述苗族和柏格理这段故事的歌曲《十字架的救恩》。那天晚上，我下定了写作《用生命爱中国——柏格理传》的决心。

2007年5月，得欧阳先生陪伴，来到石门坎。亲身感受乌蒙山的交通不便，亲眼目睹那里现在的艰难。走的那天，我站在石门坎教堂门前，久久不愿意离去。

2007年6月26日，我在贵阳昨日重现咖啡店开始动笔，得到许多朋友的无私帮助。我的老师，《中国石门》一书作者、中央电视台《在天那边》策划王大卫先生，认真看了本书的初稿，给我提了许多中肯的意见；昭通教会的黄亚童长老，给我复印了教会珍藏的所有历史图片和文字资料；贵州财经学院的曾玲玲四处帮我查找资料，最后在她舅舅苏涟先生处意外找到塞缪尔·克拉克所著《在中国的西南部落中》一书；素昧平生的彝族同胞黄坤先生，委托苗族学者杨世武，从云南给我带来两部书《中国风情》和《苗族百年探路曲》；《"窄门"前的石门坎》一书作者，开石门坎研究先河的张坦先生第一次见面，就慨然赠我柏格理同事钟焕然所著《中华基督教循道公会西南教区各少数民族信仰基督50年史》手抄本；贵州省教科所的张庆肃所长是一位民族研究专家，他多次认真地给我讲述苗族历史；贵州电视台记者杨琳听到我写作本书的消息，专门送我一本书《历代名人与贵州》……

我的美国朋友Kara（林凯丽）小姐，为了帮助我写作本书第八章"毒打"，仔细给我回忆了她被人抢劫、受伤的亲身经历；柏格理同事沙文医生的孙媳妇从英国给我发来电子邮件，回忆沙文医生和他的妻子在中国的感人事迹。

伯父刘少匆先生，我的同学郗卫民，我的好友傅蕾、金欣、胡康、吕卓红、刘泽宇、康玉春、朱群慧、东旻夫妇，贵州省民间助学会金刚先生，走近石门坎义工组织发起人斯嘉女士，香港光亮发展基金陈锦荣夫妇等人，都给我提出了许多美好的建议。

我在贵州，持守心中宁静、清洁，和红尘世界相隔几步之遥。三载寒暑，长夜孤灯，终成为圣徒立传之功，兼悟知行之学。心中喜悦，可与谁知？

特别的感激献给陪伴我走过这一段路程的朋友们：和我一样从成都来贵阳工作的李文约翰、小师妹胡晓、罗承民、刘骥、温其军；我在贵州的工作伙伴何英俊、申健、蓝丽婷、肖茜、文艺；还有罗子荣和贵州所有关爱我的朋友们。

写作中我一直和柏格理等属灵伟人同行，由此获得的心灵深处的喜悦非笔墨所能形容。我盼望自己能够学习柏格理的爱心和知行合一的做事风格，也盼望本书的读者能像柏格理那样奉献出爱心，以实际行动关爱贵州贫困地区的孩子们。

其实只要你来贵州一次，不论是到东部苗岭，还是去西部乌蒙山区，你就会发现，这里有的不仅仅是世界上最美的喀斯特地貌景色：随处是茂密的森林和高山流瀑，到处都看得到地下河流和天然巨大溶洞，往往从很小的洞口进去，里面豁然开朗，仿佛另一个人间世界。你还能看到在蓝天和白云下，孩子们那一双双像蓝天一样纯洁的眼睛，那一张张灿烂的笑脸，都是祖国大地上盛开的最最美丽的花朵。

时光流逝，我愈来愈明白谦卑地接受他人的帮助乃是人生最大的福分。衷心感谢大象出版社领导对本书的厚爱。

对柏格理和石门坎有更多兴趣的读者，建议您登录 www.shimenkan.org 网站查阅相关资料。

由于本人不是专业的历史学者，加以才疏学浅，不足之处在所难免，盼望有识之士不吝赐教。邮箱：478144969@qq.com，新浪微博：阿信佳音。

阿信

2008 年 10 月

※ 柏格理葬礼上的情景

附 录

长眠在乌蒙山区的部分外国传教士简历

在昭通凤凰山麓，从左到右埋葬着五位中国人民的朋友，他们的精神及事迹，值得我们世代敬仰和传颂。

1.“挚爱的医生”——林树德医生

林树德医生，原名利维斯·沙文，生卒年月：1864 年 8 月 18 日—1918 年 1 月 30 日。

1864 年 8 月 18 日，沙文医生出生于英国的肯特郡(Kent)的 Faversham。他最初的志向是当一名教师，但后来他更愿意当一名牧师。1887 年他在柏格理的家乡康沃尔的卡米尔福特作见习牧师。

1890 年，他在伦敦 Middlesex 医院开始接受医疗培训，1891 年被任命为教堂的牧师，1895 年获得医生资质。

1896 年 11 月，沙文医生来到昭通。在中国的最初的两年里，1898 年，他和他的同工凯特·哈伍小姐(Kate Howe)结婚；1900 年，由于义和团运动，他和妻子不得不离开中国。1902 年，他们又回到昭通，负责修建福滇医院。

1915 年，沙文医生在救治柏格理牧师时染上伤寒，虽然他挺过来了，但身体因此大受损伤。1918 年，由于挽救一个中国士兵的生命，沙文医生又一次染上伤寒，于同年的 1 月 30 日病逝。

沙文医生有两个儿子、三个女儿。他生性敏感，不喜欢被公众关注，个性孤僻、不善言辞。但有沉稳坚定的信念，他把每一天都用来为当地的百姓及其他传教士们提供完美周到的服务。人们对他了解得越多，就越发地尊敬他，越发地欣赏他的人品。他不会为粗心马虎而苦恼，信守正直、一丝不苟、谨慎和诚实等优秀品质。他救助云南的黎民百姓，长达二十二年之久。他真是一位伟大的好人。

沙文医生被昭通百姓誉为“昭通挚爱的医生”。当他去世时，数百人走上街头，缓步前行，护送他的灵柩，以表达他们对他的热爱。

2.“人民尊重的医生”——马佐生医生

马佐生医生，原名理查德·哈登，生卒年月：1886 年—1930 年 2 月 12

日。

1886年，理查德·哈登医生出生在爱尔兰的Wexford郡的Springfield。他就读于Dublin大学的三一学院，获文学学士学位。毕业后，为去中国传道，他转攻医学。于1908年毕业，获得医学学士学位。

刚来中国时，他在中国佛山和梧州等地工作。他精通汉语，还会说一口流利的广东话。

他1918年回国，应招入伍，担任皇家陆军医疗队的队长。他参加了在巴勒斯坦、埃及和法国的战斗。第一次世界大战后，他在德国占领区服役了一段时间，退伍时被授予十字勋章。

后来他决定重返中国。1926年起，他在卫斯理公会华中教区工作，成绩卓著。1929年，戴蒙德医生逝世，他于是到昭通接替戴蒙德的工作。

1930年，昭通流行回归热，医院忙得不可开交。因为辛劳过度，哈登医生不幸被感染。当时，唯一的特效药“914”只剩下最后一支，助手们要给哈登医生注射，他见到还有更重的病人，便谢绝了，命令将这支救命的药剂注射给一个重病员。这支药救了一个中国同胞的性命，哈登医生却因病情加重，于1930年2月12日因伤寒和肺炎不幸辞世。

3.“和平使者”——弗朗西斯·戴蒙德医生

戴蒙德医生的生卒年月：1896年11月30日—1929年3月1日。

弗朗西斯·斯班瑟·戴蒙德医生是邰慕廉牧师夫妇的二儿子，1896年11月30日生于昭通。中学时就读于英格兰的普利茅斯的Hoe高中，他的叔叔艾尔德曼·戴蒙德当时是这所学校的校长。

毕业后，和他的父母一样，他自愿来中国服务。在中国温州工作了很短一段时间，就因战争爆发，不得不返回英国。第一次世界大战期间，戴蒙德医生在欧洲西部前线参战。

退伍后，他到Bristol大学攻读医学，深入研究热带病学。1928年他来到云南，在昆明的传教士教区医院工作了几个月后，来到昭通。他不幸患上了严重的扁桃体炎，1929年3月1日病逝。

戴蒙德医生是一位天才的医生和传教士，他深深地热爱中国人民。戴蒙德医生的父母毕生致力于在中国的传教和治病工作。戴蒙德医生决心继承他们的事业，但不幸英年早逝。他的三个姐妹，凯瑟琳、罗可希和杜露希，成人后也都在中国传教。

4.“人民爱戴的医生”——莉莲·玛丽·格兰丁医生

莉莲·玛丽·格兰丁医生的生卒年月：1876 年 11 月 25 日—1924 年 12 月 5 日。

莉莲·玛丽·格兰丁出生在英吉利海峡泽西岛（Jersey）的圣赫里埃。她的父母是当地基督教圣经公会的主要同工。格兰丁从小受父母熏染，立志长大后做一名传教士。她先入泽西女子大学读书，后进入金巴拉女子大学医学院深造，1904 年获医师资格，成为泽西岛第一个获得医师资格的女医师。毕业后，她又进修牙科、妇产科和眼科，并到伦敦学习热带病学，为在中国内地开展救济医疗做充分的准备。

1906 年 1 月 11 日，她从南安普敦乘“爱丽丝公主号”轮船，以医学传教士的身份来到上海。当她了解到云南是中国的偏远省份，当地群众缺医少药时，便来到昭通，一干就是 10 年。她常年深入少数民族山寨，活动范围之广相当于整个法国的面积。她设立了多处居民诊疗所，并开了麻风病医疗所，给当地妇女讲解卫生知识。

她和沙文医生是同工，每个月都会去石门坎为当地群众服务，治病和接生，同时带去一些急需的药品。

1914 年，她辞去教会工作，到上海和一名记者结婚。这次婚姻持续了很短时间。之后，格兰丁返回英国，参加第一次世界大战，到前线当随军医师。战后，她又参加了医疗培训。

1923 年，格兰丁医生返回昭通，继续传教行医生涯。重返中国仅仅一年半之后，当地流行斑疹伤寒，在去边远地区行医的途中，格兰丁不幸身染伤寒，于 1924 年 12 月 5 日辞世。

格兰丁医生为人温和、自制，不善言辞，却是一位极佳的聆听者。她总是那么平易近人，对待工作亦是执著与敬业。

1976 年，格兰丁医生诞生 100 周年，她的家乡英国泽西邮政当局为褒扬她的功绩，在 1976 年 11 月 25 日发行了一套四枚纪念邮票。

格兰丁医生当年办诊所的地方，已盖起了现代化的昭通地区医院。她永远活在昭通和中国人民心中。

5.“播撒爱心的护士”——布什护士

布什护士，原名玛利亚·海克斯，生卒年月：1872 年 7 月 7 日—1924 年 10 月 25 日。

布什护士来自澳大利亚的维多利亚，她的家人都叫她玛丽莲。他们一家是从英国的康沃尔移民到澳大利亚的，是基督教圣经公会在澳大利亚分支的成员。

尽管远在地球的另一半，澳洲的信徒还是通过阅读自己教派的月刊与英国国内的教会保持紧密的联系。

布什护士知道家乡教友们在中国云南传教的事迹之后，志愿来中国云南。她的计划得到澳洲教区的资助。1898 年 4 月，她到达中国云南。1901 年，她和英国同事、传教士海克斯先生结婚。他们育有一子，名叫查理斯，二十几岁时因病去世。他们还育有一个女儿艾琳·海克斯，通过护士资格培训后，也在云南当了一名传教士。

在二十多年的时间里，海克斯夫妇在云南教区的几个传教站工作。无论他们去哪里，海克斯夫人总是专门为教区内外的妇女和孩子们服务。她安静、温和、善良，无论身份高低贵贱，每个人都是她的朋友。

1924 年她在昭通探望一户病人时，染上伤寒，于 10 月 25 日不幸病逝。

6.“昭通第一位殉道者”——托马斯·索恩牧师

托马斯·索恩的生卒年月：?—1891 年 9 月 23 日。

1883 年，卫斯理公会的万斯通牧师和基督教圣经公会的托马斯·索恩牧师来到昭通，昭通从此有了教会。1887 年，柏格理牧师和邰慕廉牧师也来到昭通。这一年，托马斯·索恩和路易丝·马伯斯小姐结婚，路易丝是中国内地会的一名传教士。1891 年，索恩经过石门坎附近的古驿道往云南彝良传教，不幸染上痢疾。因为得不到及时治疗，在返回的路上，于 9 月 23 日病逝在昭通喇叭寨。

托马斯·索恩是在昭通殉教的第一个外国传教士。他死后，教会在昭通城东边的坭井买了一块地，把他安葬在那里。

由于年代久远，现在，托马斯·索恩的墓地已无法寻找。

根据甘铎理《在云的那一边——柏格理传》记载，托马斯·索恩去世之后，他的妻子路易丝随即返回英国。但钟焕然在《中华基督教循道公会西南教区各少数民族信仰基督50年史》中，对路易丝在中国的经历有不同的记载。

1957年，钟焕然还充满深情地回忆起这位用自己生命为教会奠基的传教士：

呜呼索牧，我会先锋。基督忠仆，为道热衷。越山航海，远来亚东。跋涉艰苦，来到昭通。效法基督，和蔼谦恭。爱人如己，援助贫穷。待人接物，开诚布公。阐扬天道，感化须诋。横逆不较，度量宽宏。为人真光遍照，不惮沐雨临风。竟把福音种子，播种群众心中。建筑西南教会基础，乃宏伟力丰功。恒怀坚韧奋斗，勇往奔走西东。不期天翁有命，递而招还天宫。幸喜福音种子，潜然发育滋荣。因微而著，枝于茂密葱茏，苗而秀秀而实，含苞吐蕊实蓬蓬。由滇而黔，果实累累满园中。

7.“基督的使者”——康斯坦斯·普岚护士

普岚护士的生卒年月：1899年—1938年12月6日。

虔诚的卫理公会派传教士。

康斯坦斯·普岚护士是传教士普岚夫妇的女儿，普岚夫妇曾在中国湖北传教数年。康斯坦斯就读于卫理公会办的一所女中，毕业后在英国伯明翰（Birmingham）中心医院做一名护士和助产士。过了几年，她主动要求去中国服务，随即被派到她父母曾工作过的湖北教区。

普岚护士在湖北工作了两年，由于身体状况不佳，她回到英国。1936年，她重返中国，这次的目的地是云南昭通。

一到昭通，普岚护士马上担负起一所新医院的管理工作。由于缺乏人手，医院的正常运转有时都十分艰难。于是，在医院日常工作之外，她投入大量的精力用来培训一支护士队伍，亲自担任繁重的教学任务。

作为一名传教士，普岚护士乐观、自制、温和、爱人如己；作为一名护士，她敬业、一丝不苟、平易近人；作为一名老师，她和蔼、沉稳、善解人意。

1938年12月6日，当她因伤寒病逝时，每个认识她的人都极其伤心。

葬礼在她工作的医院的候诊室举行，昭通各个阶层的人们都赶来为普岚护士送行。普岚护士生前每周都去探望、照顾的四个麻风病病人，闻讯从很远的山里赶来，他们手捧着一大把自己栽种的小花。当灵柩抬出来的时候，他们走上前，把花束轻轻地放到棺木上面，为他们心爱的普岚护士送行。

8.“长眠在柏格理身边的传教士”——高志华牧师

高志华牧师的生卒年月：?—1936年3月6日。

高志华牧师从小敬佩柏格理，决心学习柏格理，为苗族人民服务。他前后两次来到石门坎。第一次是1924年，第二次是1936年，有时住昭通，有时住石门坎。

1936年3月5日，星期六，石门坎学校师生因贫困无力购置灯油，夜间照明十分困难。学校组织全校师生到石门坎背后十多里外的韭菜坪砍伐野生毛竹，供学生晚上学习时照明用。那天大家来回走了30多里路，人人疲倦。深夜，大家忽然听到刺耳的枪声、厮杀声和叫喊声。

当时在石门坎学校读书的杨荣新回忆说：“3月6日凌晨1到2点，土匪李开柱率领70多个土匪把学校包围了。有7个土匪每人手拿一把刀猛撞高牧师居住的长房子，威胁高牧师开门。土匪把门撞开，冲进去威逼高牧师把修建学校的钱交给他们。高牧师对他们说：‘我没有钱，我只有书本，教会的钱在昭通，不在石门坎。’匪徒气急败坏，他们问一句，就刺高牧师一刀，高牧师一共被他们刺了17刀。高牧师痛得放声大叫。我的同学王明基听见了，他跑来喊我，我俩一合计，干脆豁出去，和土匪痛痛快快地打一场。我们拿着锄把、扁担跑到高牧师的房子门口，进去却没有找到高牧师。我们出来，到处找，才听见高牧师在大门前5丈深的石坎下哼哼。我俩跑到高牧师的身边，看见他身着汗衫和短裤，满身鲜血淋漓。王明基哭着喊：‘高牧师，高牧师，您快醒醒，土匪已经逃走了。’这时，全校老师和学生都聚过来，大家像人墙似的站在高牧师周围。高牧师去世前只说了一句话：‘我要和柏格理牧师在一起。’”

根据高志华牧师的遗愿，人们把他葬在柏格理的旁边。从此，他永远地陪伴在柏格理身旁。

石门坎教会苗族《溯源碑》碑文

天荒未破，畴咨冒棘披荆。古径云封，遑恤残山剩水。访桃源于世外，四千年莫与问津；探芝圃于莽中，五百劫始为说法，则亦无有乎尔，然而岂谓是哉？原夫野地花丛，难邀赏鉴；尔乃葛天苗裔，谁肯是携？回徒本墨守宗风，孔教且素持外攘，禅宗既穷超生之路，道派更绝换骨之丹。惟之莠三秀骄骄，慨草田之无佃；恒花溪勃勃，惕茅塞其谁开？幸耶和华示撒母耳还来旧雨，沾从秦汉衣冠，俾彼明星，映到羲皇人物。花既溷而复起，苗则槁而复兴。始亚当兴惠黔黎，初开草昧；更百木能支大厦，独辟石门。愿他野橄榄枝，接我真葡萄树。十年灌溉偕良友，创字释经；两度梯航与细君，分班授课。故叫万花齐放，遂使良苗一新。叱石成羊，真亚伯拉罕之孙子；攀门附骥，衍马丁·路德之薪传。天父恩何等昭彰，圣神力不可思议。四起栋宇，非斗霏而夸多；别具炉锤，愿超凡以入化。时闻山鸣谷应，牧樵赓赞美之歌，伫见户诵家泣，子妇解颂扬之谱。文章机杼持操实业经纶，道德森林饶有民生主义。盖琅环福地，化鸩舌为莺声；是风雨名山，由人间而天上。彝族引领，汉类皈依。忆当年披星戴月，看此日飞云卷雨。喜值满兰，敬勒贵珉。伏望渔人得鱼，共矢丹悃。特修纪念，赞以粹言。

赞曰：

灵宫活石　圣道法门
畏绊脚石　守生命门
屋角首石　天上城门
裂开泉石　牖启心门
是遮身石　是出死门
是匠弃石　是羊入门
奠基盘石　奏开金门
点头顽石　进步窄门

中华基督教宣道使者　李国钧约翰　敬撰
民国县知事留日法政员　陈宗华菊圃　敬书
中华民国三年（1914）八月石门坎联区全体学生敬立

柏格理墓志铭

先生本英籍，按欧文姓氏与“荫穆宠腊而得”译音相近。少懔家箴，恭承天命。甫弱冠即渡海东来，更汉文为柏格理，字明星。能操各种文言，服习起居随处与人相同，登场讲演，善于现身说法，听者每觉兴致勃勃，感无不深省，足令堕者起而懦夫兴，恶胆寒而悲心慰。

至其热心毅力，不避艰险，金沙江外，举凡瘴雨蛮烟，察会荒冷之区，靡费足迹殆遍。土人爱而亲曰：“赫甲家。”都邑乡里之间，妇孺若尽知名。先生和气迎人，即孩提亦爱戴，尝酣卧抱中，而情深若弗忍去诸怀者，至若老成，人受熏陶，莫不曰先生能以福音生人，不啻保罗再见于今，心悦诚服，有加无己。

前清丁未，曾传教于冷米寨，迭遭围困，频于危绝。当道本欲依法惩凶，而先生反数为之缓颊，且泣曰：“敌真理之徒，实不知基督福音也，使果知之，方服从之不暇，何排斥之有？”先生诚能动物，士大夫争相识之，其待教士，忧乐与共，恳挚之殷，甚于家人父子。自辟石门，博精擘划，苗人呼之曰：“堪德(克垒切)。”先生为之创文字，译经籍，建堂设校。一片荒地，极端经营，竟至崇墉栉比，差别有天地。先生之心力瘁矣，客秋一疾长眠，就山窀穸。今年石部集封碑问之于予，因举所知而笔之。

铭曰：唯我先生，开辟石门，传宣圣道，觉牖斯民，若时雨降，勃然苗兴，民人喜爱，万世流馨。

中华基督教会宣道使者后学员　李约翰˙拜撰

民国县知事留日法科毕业学士　陈宗华菊圃　敬书

※ 高志华牧师之墓(**上图**)
※ 今天昭通凤凰山外国传教士墓地(**下图**)

※ 玛利亚·海克斯护士之墓(**左图**)
※ 马佐生医生之墓(**右图**)

※ 格兰丁医生之墓(**上图**)

※ 1976 年,英国泽西郡为纪念格兰丁医生诞辰 100 周年发行的邮票。(**下图**)

※ 外国医生在为教会同事包扎脚伤（上图）
※《溯源碑》残片（下图）

参考资料

1.《在未知的中国》,东人达、东旻翻译,云南民族出版社,2002年版(内有柏格理著《中国历险记》,柏格理、邰慕廉著《苗族纪实》,柏格理著《在未知的中国》,王树德著《石门坎与花苗》,甘铎理著《在云的那一边——柏格理传记》,甘铎理整理《柏格理日记》,张绍乔、张继乔著《张道惠夫妇在石门坎》)。

2.《柏格理在中国》,沃尔特·柏格理著,苏大龙翻译,贵州民族研究所编《民族研究参考资料》第28集,1989年版。

3.《苗族救星》,古宝娟、饶恩召著,中国基督教圣经书会,1939年版。

4.《中华基督教循道公会西南教区各少数民族信仰基督50年史》,钟焕然著,手抄本。

5.《滇黔川边基督教传播研究》,东人达著,人民出版社,2004年版。

6.《"窄门"前的石门坎》,张坦著,云南教育出版社,1992年版。

7.《寻找那些灵魂》,王大卫著,香港文汇出版社,2008年修订版。

8.《中国石门坎》,杨大德著,人民日报出版社,2005年版。

9.《在中国的西南部落中》,塞缪尔·克拉克著,苏大龙翻译,贵州民族研究所编《民族研究参考资料》第25集,1985年版。

10.《贵州石门坎——开创中国近现代民族教育之先河》,朱群慧、东旻主编,中国文史出版社,2006年版。

11.《威宁自治县民族志》,贵州民族出版社,1997年版。

12.《近代贵州苗族社会的文化变迁》,游建西著,贵州人民出版社,1997年版。

13.《威宁苗族百年实录》,威宁自治县政协编,贵州民族出版社,2006年版。

14.《彝良县基督教百年简史(1906—2006年)》,教会内部资料。

15.《世界苗族迁徙史》,石朝江著,贵州人民出版社,2006年版。

16.《中国风情》,莫里循著,张皓翻译,国际文化出版公司,1998年版。

17.《戴德生——挚爱中华》,史蒂亚著,梁元生翻译,中国友谊出版公司,2006年版。

18.《基督教葛布教会百年史(1904—2004)》,教会内部资料。

19.《苗族古歌》,潘定智、杨培德、张寒梅编,贵州人民出版社,1997年版。

20.《石门坎文化百年兴衰》,沈红著,万卷出版公司,2006年版。

21.《深入非洲三万里——李文斯顿传》,张文亮著,敦煌文艺出版社,2006年版。